会話もメールも
英語は3語で伝わります

Simple English for Everyone

特許翻訳者／技術英語講師
Nakayama Yukiko
中山裕木子

ダイヤモンド社

「私の仕事は英語講師です」
これを英語にするとき、あなたはどう考えますか？

「私の仕事」は My job...。
「英語講師」は English teacher...。
そうそう、冠詞の an をつけて an English teacher...。
「〜です」には be 動詞の is を使って…。

My job is an English teacher.（完成！）

正しい英語です。

ですがこの英語、もっと簡単に、しかもわかりやすくできます。

I teach English.

どうでしょう。直訳すると、「私は英語を教えています」ですが、
意味は「私の仕事は英語講師です」と変わりません。

文が短くなっただけではなく、
直感的にも理解しやすくなっていませんか。

本書を通して、皆さまに学んでいただきたいのは、
**「複雑な文をやめて、まずは３語（主語、動詞、目的語）で
組み立てる」**というスキルです。

新しい文法、単語、構文の暗記はいりません。
どうぞリラックスして、読み進めてください。

はじめに
伝わる英語は、やさしい英語

難解な英語から生まれた「3語の英語」

　私は若い頃、生真面目に英語を勉強していました。学生時代にTOEIC 950点、そして英検1級を取得。その後TOEICのさらなる点数アップを経て、英語を積極的に学びました。

　しかしひとたび社会に出ると、英語を「使う」ことがまったくできないことに気づきました。最初の就職先であった工業薬剤メーカーでは、英語を思うように話せず、そして書くこともできません。会話はおろか、得意だと思っていた英文法、英語ライティングですら、実務の世界では苦戦しました。

　落胆しました。苦しい。情けない。

　すがる思いで就いた次の仕事は、「特許翻訳」という英語ライティングの中でも、特に難関な分野です。新しい発明における「技術」を英語で描写し、その上でアメリカやヨーロッパの国々へ「特許出願する文書」を英語で書く仕事です。いわゆる産業翻訳の中でも、特殊で超難関とされています。

　あえて超難関な英語ライティングに取り組み、**苦しい英語漬けの日々を過ごし鍛錬することで、自分の英語が改善されるのではない**

か、と考えました。大変かもしれない。しかし、挑戦してみたいと思いました。

予想通り、いえ予想以上に苦しみました。まったく歯が立たない。まず、「技術」を説明する日本語の意味がわからない。そして、それを英語で組み立てる表現力もありません。

特許の日本語と英語は、特殊で難解です。新しい発明を扱うため、内容が複雑で、1文が長く、しかも冗長な傾向があります。さらには「特許の英語は、別に読みづらくてもよい」という業界の風潮もありました。

しかし、難解で読みづらい英語では、特許を取得できる可能性が低くなります。**「伝わらない英語」を組み立てても、なんの意味もない。**そんな現実を目の当たりにしてきました。

この苦しさから抜け出したい。この世界をなんとか変えたい。そう強く思いながら、苦悶していました。

そんなとき、救済を求めて探し当てたのが、その後の私の英語の指針となる「英語テクニカルライティング」でした。テクニカルライティング、工業英語、技術英語などとも呼ばれます。

英語テクニカルライティングのルールにしたがえば、「複雑な専門技術の文」も、「難解な技術的構造・メカニズムの文」も、平易な英語で表現できることがわかりました。

複雑で難解な特許の英語でさえ、いえ、むしろ特許の英語にこそ、この平易な英語の組み立てスキルが必要だと確信したのです。そし

て、そのコツやヒントが書かれているテクニカルライティングに関する和書・洋書を読みあさりました。

　複雑な専門技術を英語で伝えるには、その技術を平易な日本語に置き換える力と、それをわかりやすい自然な英語にする表現力が求められます。
　その鍛錬の中で、私は１つの結論に達しました。

**　内容が複雑であればあるほど、それに見合った複雑な英文を組み立てるのではなく、その逆を目指すべき**だとわかったのです。

　その結果、どんな複雑な文も、いわゆる５つの文型（ＳＶ、ＳＶＣ、ＳＶＯ、ＳＶＯＯ、ＳＶＯＣ）のうち、最も力強く、最も簡単なＳＶＯ（誰かが何かをする）を使って表現するテクニックを習得しました。

日本人の英語は「長くて、難しい」

　私たち日本人の英語は、短時間の練習で「伝わる英語」に変わります。難しく考える必要はありません。「主語（I）、動詞（like）、目的語（English）」をただ並べればよいのです。

I	like	English.
主語	動詞	目的語

この構造が基本です。

　次に、「３語の英語」とは何かについてお伝えします。次ページの「日本人にありがちな英語の会話」を見てください。

日本人にありがちな英語の会話：

Aさん：What is your job?
　　　（あなたの仕事は何ですか？）

Bさん：My job is an English teacher. What about yours?
　　　（英語の講師です。あなたの仕事は？）

Aさん：I am an editor of books.
　　　（書籍の編集者です）

Bさん：Are you?
　　　（そうなんですね）

　　　　　　　　　　　　　　　使用単語数：合計21ワード

「〜です」を表す「be動詞（is、am、are）」が頻繁に登場します。**私たち日本人は、「be動詞」を学校でしっかり習いすぎるためか、すぐbe動詞を使う癖がついている**ようです。使用単語数は合計21ワードになりました。

　では、同じ会話を「3語の英語」でも行ってみましょう。

「3語の英語」を基本にした会話：

Aさん：**What do you do?**
　　　（あなたは何の仕事をしているのですか？）

Bさん：**I teach English. What about you?**
　　　（英語の講師をしています。あなたは？）

Aさん：**I edit books.**
　　　（書籍の編集をしています）

Bさん：**Great.**
　　　（そうなんですね。＝いいですね）

　　　　　　　　　　　　　　　使用単語数：合計14ワード

正確に、しかも速く伝わる

この会話では、動作を表すダイナミックな動詞(do、teach、edit)を使っています。使用単語数は、AさんとBさんを合わせて14ワードに減り、明快に会話が進んでいます。このようにテンポよく会話が進めば、最後の「相づち」もGreat.(いいですね)のように**ポジティブに締めくくることができる**でしょう。

どんな難しい英語にも効く!

複雑に見える内容であっても、「3語(主語・動詞・目的語)」を並べることで、短く明快に伝えることができます。

翻訳の実務より、「3語の英語」の一例を見てみましょう。

「喫煙すると、火災報知器が起動します」

ありがちな英語:
If you smoke, the fire alarm will become active.
(9ワード)

「3語の英語」の構造:
<u>Smoking</u> will <u>activate</u> <u>the fire alarm</u>. (6ワード)
主語 　　　 動詞 　　　 目的語

Smoking「喫煙すること」を表す動名詞を主語に使っています。active(起動している)という形容詞ではなく、activate(〜を起動させる)という動詞を使っています。

このような技術的な文章まで、「3語の英語」はあらゆる内容をカバーすることができるのです。

日本人こそ、学ぶべきスキル

「日本人にありがちな英語」と「3語の英語」をもう一度比べてみましょう。「冠詞」の登場率が違うことがわかります。「冠詞」とは、名詞の前におかれる「不定冠詞 a/an」や「定冠詞 the」のことです。

日本人にありがちな英語：
My job is an English teacher.
I am an editor of books.

3語の英語：
I teach English.
I edit books.

「日本人にありがちな英語」は名詞（English teacher、editor）を多く使っているため、冠詞（an English teacher、an editor）が必要です。

「冠詞の使い方が難しい」と感じる多くの日本人にとって、冠詞が頻出する文章は組み立てるのが難しく、正しい表現へのハードルが一気に上がってしまいます。

「3語の英語」では、名詞の使用が最小限になります。ゆえに**「冠詞」の使用も最小限となり、煩わしさから解放される**のです。
　その結果、誰でも簡単に、そして正しく文章を組み立てることが可能になります。

もちろん長文にも使える！

　たった「3語」では、伝える内容が物足りないと感じる方も安心してください。ひとたび「3語の英語」が使えるようになったら、例えば次のように、詳しい情報をどんどんつけ足していくことが可

能になります。

「3語の英語」＋追加の情報
I teach English
　to university students.
（私は英語の講師です。大学生に教えています）
I edit books
　for business people.
（僕は書籍の編集者です。ビジネス書のね）

　I teach English や I edit books のように、まず**「3語」で文章の骨組みを伝えることで、その後は落ち着いて、必要な情報をつけ足していく**ことが可能になります。

　なお、本書で呼ぶ「3語の英語」は、

　　　　I　　　　　　like　　　　　English.
　　　①　　　　　　②　　　　　　③

このように単語数が「3語」となる場合だけでなく、

　　Smoking（will）activate（the）(fire) alarm.
　　　①　　　　　　②　　　　　　③

というように、全体は「3語」ではないけれど、3つの要素から成るという場合も含みます。

読者の皆さまへ

　本書は、「伝わる英語」を習得することを希望するすべての方を対象としています。日常の英会話ができるようになりたい方、英語

でメールが書けるようになりたい方、自分の仕事について英語で説明できるようになりたい方、英語が苦手な中学生や高校生や大学生、仕事で英語を使わなくてはいけない方、気おくれせずに英語を書いたり話したりしたいビジネスパーソンの方に向けて執筆しました。

　本書を通じて、「自分は英語が苦手ではない」「英語が前よりも使えるようになった」と思ってくださること、または「英語なんて簡単！」と感じてくださること、そしてさらには「英語で伝えることって、面白い！」と思っていただけることを願っております。

　英語に悩むすべての日本人に、本書を贈ります。自信を持って、英語コミュニケーションを楽しむ人が増えますように。

Enjoy communicating in English!

2016 年 10 月 中山 裕木子

本書の4つの特徴

❶ 新しい文法、単語、構文の暗記はいらない

「3語の英語」はとてもシンプル。意識するのは、複雑な構文を避けて、あらゆる文を「誰が（または何が）、何を、する」に組み立てることです。難しそうな単語も、そのほとんどが中学レベルの単語で言い換え可能です。そのテクニックもお伝えします。

❷ 「3語」の組み立てパターンがわかる

「3語で伝わる英語」の組み立て方を具体的に説明します。まず「主語の選択」では「使える4つの主語」について解説します。そして、「3語の英語」の決め手となる「基本動詞」と「応用動詞」を紹介し、さらにはテンプレートと動詞リストを活用することで、英文を組み立てる練習の場を提供します。

これであなたの英語が変わります！

③ 日本人の「難しい英語」とさようなら

「3語」で伝えるために切り捨てたい表現を提案します。日本人が陥りがちな伝わりにくい英語表現を例示し、それらの使用をやめ、気持ちよく「3語の英語」を使い続けることを目指します。

④ ブレイク＆スキルアップ

各章の随所に設けたブレイク＆スキルアップでは、「3語の英語」を基本にして、正しく明快に伝えるコツ、深い理解を得るための英語にまつわるこぼれ話、またさらには「3語の英語」に限らず、英語のスキルアップに役立つ内容を取りあげます。

はじめに
伝わる英語は、やさしい英語 …………………………………… 004

本書の4つの特徴 …………………………………………………… 012

CHAPTER ❶
「日本人の英語」が伝わらない理由

020

「日本人が好む英語」の3つの欠点 ……………………… 022

学校で習った「イディオム」はいらない ……………… 028

be 動詞を使い過ぎると、文がぼやける ……………… 030

「漢字表現」を英語にすると、複雑な文になる ……… 033

日本語の「主語省略」で英作が難航する ……………… 036

「ブロークン英語」はやはり伝わりにくい …………… 041

CHAPTER ❷
「3語の英語」は
動詞が決め手

046

「具体的な動詞」でスピーディーに伝える 048
ダイナミックで明快な「他動詞」を使おう 052
受動態ではなく、短く力強い能動態を 058
否定を肯定表現に変える3つのアプローチ 063
ぼやかさず、具体的に言い切る 066
whenやifを使う文も「3語の英語」にできる 070

CHAPTER 3

これでOK!
「3語の英語」の
組み立てパターン

大切なのは、主語と動詞の選び方 …………………… 078
ステップ①主語は「4つ」から選ぶ ………………… 081
ステップ②(基礎編)基本動詞をおさえる …………… 088

1. 人にもモノにも使える万能動詞
   have、use、include ……………………………………… 088

2. 主語が「人」の便利動詞
   find ……………………………………………………………… 091

3. ポジティブな感情を明快に伝える
   likeとenjoy …………………………………………………… 092

4. (人などを)〜させる
   surprise、interest他 ……………………………………… 093

5. 反対語動詞
   dislike、disable、unveil、unlock、uncover他 ……… 094

6. SVOを作る明快動詞
   benefitやreplace、relocate ……………………………… 097

7. 1語が生きる「特徴」「強調」を表す動詞
   featureとhighlight ………………………………………… 099

ステップ②（応用編）便利な動詞を使いこなす………… 103

1. 強くて明快な動詞
needとrequireが表す「必要」………………………………… 103

2.「最大にする」「最小にする」の
maximizeとminimize …………………………………………… 105

3.「実現する」「達成する」に便利な
achieve …………………………………………………………… 106

4. 主語と目的語を選ばない便利動詞
allow、permit、enable、そしてcause ……………………… 106

5.「上げる」と「下げる」に
increaseとdecrease (reduce)、raiseとlower ………… 110

6.「説明する」や「要約する」に
explain、describe、discuss、summarize、outline ……… 113

7. 短く伝える動詞
outnumber、outweigh、outperform、double、triple … 116

「5つのパターン」で3語の英語を組み立てる ………… 119

CHAPTER 4
「3語の英語」に情報を足していく

「動詞まわりのひと工夫」編
時制の基本、「現在形」をマスターする ………………… 134
現在完了形で「今」を大切にする ……………………… 139
微妙なニュアンスを助動詞で伝える方法 ……………… 144
助動詞の過去形は「もしかしたら」を伝える ………… 150

「3語に情報を足していく」編
副詞を活用すれば、「3語の英語」が生きる ………… 155
前置詞を使って、関係を「見える化」する …………… 160
名詞に情報を加える「分詞」と「関係代名詞」 ……… 171
関係代名詞の「非限定」、その2つの利点 …………… 178

実践！「3語で伝える」ために、ここはバッサリ捨てましょう！

There is/are 構文を捨てる ……………………………… 188
仮主語と仮目的語の it を捨てる ……………………… 192
ＳＶＯＯ・ＳＶＯＣ構文を捨てる ……………………… 196
受け身形を捨てる ……………………………………… 202
イディオムを捨てる …………………………………… 207
not 文を捨てる ………………………………………… 210
難解な英単語を捨てる ………………………………… 214
難しい時制を捨てる …………………………………… 218

おわりに
英語講師として、見てきたこと、感じたこと ………… 224

参考文献 ………………………………………………… 229

CHAPTER 1

「日本人の英語」が伝わらない理由

本章では、英語を組み立てるときに日本人が陥りがちな問題について説明します。
あなたの英語が伝わりにくいのは、あなたがこれまで一生懸命、英語を勉強してきたためかもしれません。または、学校で英語を習ったときに難しくて断念してしまった、苦手意識を持ってしまったという理由のためかもしれません。
学校で習った、一見「英語らしい英語」をやめ、あなたの英語をこれまでとはまったく違うものに変えていきましょう。

本章の内容

- 「日本人が好む英語」の3つの欠点
- 学校で習った「イディオム」はいらない
- be動詞を使い過ぎると、文がぼやける
- 「漢字表現」を英語にすると、複雑な文になる
- 日本語の「主語省略」で英作が難航する
- 「ブロークン英語」はやはり伝わりにくい

「日本人が好む英語」の3つの欠点

「かっこいい英語」を使っていませんか?

英語を使うとき、「かっこよく表現したい」、または「複雑に表現するほうが伝わる」と考えてはいませんか。

学校で習った難しい構文、例えばＳＶＯＯ構文やＳＶＯＣ構文を頻繁に使う人もいるかもしれません。
あるいは仮主語や仮目的語を使ったIt is ～ for ... to do（…がするのは～である）という形、またはThere is/are 構文に当てはめる人もいるかもしれません。

日本語で考え、そして「直訳」しようとすると、このような複雑な構文にうまく当てはまることがよくあります。
しかし、それはただ単に英文が複雑になっているだけで、「伝わる英語」とはほど遠いものなのです。

「英語らしい英語」には欠点がある

次のような英文の組み立てを見てみましょう。

(1) The news made me surprised. (そのニュースは、私にとって驚きだった)
　　　　 S　　　 V　　 O　　 C

いわゆる５文型と呼ばれる文型のうちの、第５文型（ＳＶＯＣ）を使っています。

(2) It is not difficult for me to understand your situation.
(私にとって、あなたの状況を理解することは難しくない)

It is ～ for ... to do（…がするのは～である）の形、つまり「仮主語」it を使った表現です。

(3) There is a need to buy this book.
(この本を買う必要がある)

There is 構文を使っています。「～がある」という日本語が頭に浮かぶと、即座に There is ～が使われることが多いようです。

これらの文は文法的に正しく、そして一見「英語らしく」見えます。しかし、これらの文には次の3つの欠点があります。

欠点1. 結論（動作）がすぐに伝わらない

The news made me ...
It is not difficult for me to ...
There is a need to ...

それぞれの文の前半を見てみましょう。前半だけでは、この文が何を伝えたいのかがわかりません。

「結論」、つまり文が伝えたい**「動作」が出てくるのが、文の前半ではなく、文の後半、あるいは文の最後**となっています。

例えば、< It is not difficult for me to >まで話したときのことを考えてください。会話の相手が「一体何の話？ ポイントは何？」という顔で、首を長くして結論を待っている、そんな気まずい経験をした人もいるのではないでしょうか。

欠点２．組み立てる側の負担が大きく、間違える可能性も高い

The news made me ...

　ここまで組み立てるだけでも、ノンネイティブにとっての負担は相当なものです。「made me」を組み立てる過程で、「ＳＶＯＣ構文を使おう」などと構文に配慮し、頭の中で一生懸命、英文を組み立てています。文を完成させる頃には、頭も疲れてしまい、次のような誤った文を組み立ててしまうかもしれません。

The news made me...
　（made me まで組み立てられた、あとはＳＶＯＣの「Ｃ」だけ）
　　↓
The news made me <u>surprising</u>!（できた！完成……！）
　　　　　　　　　　　❌ **surprising は文法誤り**

　ＳＶＯＣのような難しい構文を使うと、**文の組み立てに意識が向きすぎて、このように文法的に誤ってしまう可能性が高まります。**

　特に口頭の場合、その場で判断して口に出す必要がありますので、細かいところを誤ってしまう可能性がより高まります。
「コミュニケーションが成り立ちさえすれば、多少の文法誤りは気にしなくてよいのでは？」という考え方もあります。当然、大切なことは「伝える」ことであって、コミュニケーションが成り立ちさえすれば、それでよいわけです。

　しかし、組み立てる側の負担が減り、さらに文法誤りがなくなる

表現を使うことができればどうでしょう。英文を組み立てる側にとっても、それを受ける相手にとっても、気持ちよくコミュニケーションを取ることができます。

It is not difficult for me to...
There is a need to...

これらもそれぞれ、日本人に人気の高い構文ですが、組み立てる負担が大きい文です。「何を伝えようとしていたっけ……」と途中で内容を忘れてしまったり、構造を誤ってしまったりすることが少なくありません。

欠点3. 単語数が多いために
　　　　コミュニケーションが遅くなる

コミュニケーションにおいて、スピードは非常に重要です。**組み立てる単語数が多いと、コミュニケーションの速度が落ちてしまいます。** 速度が落ちてしまうと、それを受ける相手の負担も大きくなります。

その結果、コミュニケーションが円滑に進まないという可能性が高まります。

- 結論（動作）がすぐに伝わらない
- 組み立てる側の負担が大きく、誤ってしまう可能性が高い
- 単語数が多いためにコミュニケーションが遅くなる

これら3つの欠点により、一見、英語らしく見える表現は、「伝わりにくい表現」となってしまうわけです。

英文を「3語」で組み立てる

ここで発想を変え、先の英文を組み立て直しましょう。余計な単語があれば1語でもそぎ落とし、できるだけ「やさしく」表現してください。

基本的には、どのような英文も「3語」を基本として組み立てましょう。本書の「3語」とは、①主語、②動詞、③目的語を指します。つまり、**「誰か[何か]が何かをする」**という文です。
「3語」は、その文の骨組みとなる「3つの要素」を指します。

ちなみに、本書で扱う「3語の英語」の「3語」には、冠詞や修飾語をカウントに含めません。

また、英文を組み立て直すコツとしては、英文を完全に変えようとするのではなく、はじめに使った英単語や表現をできるだけ生かしながら、組み立て直すことが大切です。

それでは、先の英文を組み立て直してみましょう。

(1) The news made me surprised.
(2) It is not difficult for me to understand your situation.
(3) There is a need to buy this book.

(1) The news surprised me.
(2) I can understand your situation.
(3) I need to buy this book. / I need this book.

これらは「かっこいい英語」ではないかもしれません。しかし**伝わる英語**です。そして**組み立てやすく、誤りが起こりにくい英語**と

いえます。

　これが、本書で皆さまに学んでいただく、「3語」で伝える英語です。「3語」で伝える英語には、次の3つのメリットがあります。

> **「3語の英語」の3つのメリット**
> 1．結論（動作）がすぐ伝わる
> 2．組み立てやすくなり、誤りが減る
> 3．コミュニケーションのスピードが上がる

　本章では引き続き、「日本人の英語がなぜ伝わりにくいか」、そして「3語の英語をどうやって使えばよいか」を詳しく見ていきます。

> **POINT**
> かっこいい英語はいらない。最小限の単語数で、平易な構文を使って組み立てることで、誤りが減り、そして伝わりやすくなる。

学校で習った「イディオム」はいらない

すべて忘れても大丈夫！

　学校で習った英語の苦しかった思い出といえば、「イディオム（句動詞）の暗記」という人もいるのではないでしょうか。

　例えば、make use of「〜を使う、利用する」、get rid of「〜を取り除く」、give rise to「〜を生じさせる」などを丸暗記した人もいるかもしれません。例文を見てみましょう。

He makes use of information on the Internet.
（彼はネット情報を活用する）
I will get rid of suspicious emails. （不審なメールは破棄します）
The revolution gave rise to political changes.
（革命により、政治変化が生じた）

　このようなイディオムは、複数の単語が出そろってはじめて意味が伝わるものです。

　例えば give rise to は、give（与える）、rise（立ち上がること・起こすこと）、to（〜に）という３つの異なる単語を並べることで、「〜を生じさせる」という意味になります。make use of、get rid of も同様に、異なる単語を並べてはじめて、１つの動詞の意味が作られます。

　このようなイディオムの意味をすべて覚えるのは、至難の業です。英語表現は、使い続けていないと忘れてしまいます。過去に一生懸命覚えても、いざその文脈が出てきたときに正しく使えるかどうか

はわかりません。仮に**正しく使えたとしても、コミュニケーションの相手がノンネイティブだった場合、その表現を相手が知らない可能性もあります。**

　さらにイディオムは、動詞1語だけを使う場合に比べて、単語の数が増えます。その結果、コミュニケーションの速度が落ちることも欠点となります。そこで「3語の英語」の出番です。

He uses information on the Internet.
I will delete suspicious emails.
The revolution caused political changes.

　use（〜を使う）、delete（〜を削除する）、cause（〜を引き起こす）を使えば、動詞1語で表せます。しかもそれぞれ簡単です。特に use や cause は用途が広く、活用価値の高い動詞です（P88、106参照）。

　難しいイディオムをたくさん覚えるよりも、1語で表せる動詞を使いこなせるよう練習することが大切です。それにより、表現の幅も広がっていくでしょう。

POINT
　学校で習ったイディオムは、すべて忘れてもよい。「動詞1語」だけを使って、単純明快に表そう。

be動詞を使い過ぎると、文がぼやける

日本人は「〜です」が好き

　私たち日本人は、「be動詞」を中学校や高校でしっかりと習いすぎるためか、英語の文を組み立てるとき、be動詞を使う癖がついているようです。

　そして英語で表現するとき、自然にbe動詞が出てきてしまうのは、日本語では「〜する」という動的な表現よりも、「〜である」という**静的な表現**が使われやすいためかもしれません。

●**次の自己紹介文を、英語で表現してみましょう。**

「私は京都大学の学生です。言語学専攻です」

ありがちな表現：
I am a student at Kyoto University. My major is linguistics.

**「私は自動車メーカーのエンジニアです。
　エンジン部品の開発部にいます」**

ありがちな表現：
I am an engineer at an auto manufacturer.
I am in the development department for engine parts.

● 「3語の英語」で同じ内容を組み立て直してみましょう。

I study linguistics　　　（私は言語学を勉強しています）
　at Kyoto University.　（京都大学で）

　主語、動詞、目的語を並べる「3語の英語」を使うことにより、短く表すことができます。また、次の情報（「京都大学で」）を、落ち着いてつけ足すことができます。コミュニケーションがスムーズに進むでしょう。

I develop engine parts　　（エンジン部品を開発しています）
　at an auto manufacturer.（自動車メーカーで）

　同様に、「3語の英語」でまず「何をしているか」を伝えて、聞く人に興味を持ってもらいます。その直後に、さらなる情報「自動車メーカーに勤めていること」をつけ加えます。

> **POINT**
> 「〜です」「〜である」を表すbe動詞は「静的」な表現。be動詞の使用を控え、「〜する」というように「動的（ダイナミック）」に表す。SVOを使ったダイナミックな表現により、英文が短くなり、組み立てやすくなる。

 ブレイク&スキルアップ

【be動詞好き】で時制も誤ってしまうことがある

　日本人の【be動詞好き】は、動詞の選択の部分だけではなく、英語の「時制」にも表れています。
　例えば、Where do you live?（どこに住んでいるの？）と聞かれ

て、「私は京都に住んでいます。」と表現するのに、つい、次のように言ってしまう人は少なくないでしょう。

Where do you live?（どこに住んでいるの？）
I am living in Kyoto.（京都に住んでいます。…今だけはね）

今、あなたが京都に住んでいて、特に引っ越す予定がないのであれば、正しくは次のように表現するべきです。

I live in Kyoto.　　　（京都に住んでいます）

日本人の「be動詞好き」、または「be動詞をつい使ってしまう癖」あるいは「英文にはbe動詞が必要と思っていること」により、時制までもが、本来伝えたい内容から変わってしまい、誤ってしまうことがあります。その結果、内容が伝わりにくくなったり、コミュニケーションに誤解が生じたりすることがありますので、注意が必要です（時制についてはP134参照）。

「漢字表現」を英語にすると、複雑な文になる

無理に置き換えると、伝わらない

　日本語の「漢字」は、相手に対して視覚的に意味を読み取らせる便利なものです。しかし英語を組み立てるときは、「漢字」が邪魔になることがあります。**難しい「漢字表現」を英語に置き換えようとすると、難しい英語になってしまう**ためです。例えば、次のような漢字表現を含む文を英語で組み立ててみましょう。

- 今から旅行の概略説明をします。（漢字を駆使した4文字表現）
- 私は新製品の企画を行っています。（漢字+「行う」）

「今から旅行の概略説明をします」（漢字を駆使した4文字表現）

難しい直訳英語：
We will now give you an outline explanation of the tour.

　単語数が多く、伝わりにくくなります。

We will now explain an outline of the tour.

　これをさらに「3語の英語」に近づけます。

We will now outline the tour.

　outline を「概略を説明する」という動詞として使い、「3語の英語」にします（P115参照）。

「私は新製品の企画を行っています」(漢字+「行う」)

難しい直訳英語：
I am making a plan for new products.

　正しい英語ですが、make a planという「イディオム(句動詞)」が必要です。また、a planの冠詞にも迷う可能性もあります。さらには「行っています」という日本語に引きずられて現在進行形の時制を使うと、「今企画を行っている最中である」という意味になり、本来の「私の仕事は新製品の企画である」という内容からずれてしまいます(時制についてはP134参照)。

I plan new products.

　難しい漢字表現の対処法は、まず頭の中で、日本語を組み立て直すことです。日本語の簡単な「動詞」を使って、難しい漢字表現を組み立て直します。そのとき、「3語の英語」になりやすいよう、動詞部分に特に注意を払いながら行います。

　そして並行して主語をおき、そのあとに明快で平易な動詞をおきます。落ち着いて、動作の対象、つまり目的語を並べ、「3語の英語」を組み立てましょう。

「その製品の採用により、費用削減を実現します」
(難しい漢字表現「費用削減・実現する」)

難しい直訳英語：
The cost cut will be realized by adopting this product.

　正しいですが、難しくて伝わりにくくなっています。

This product will cut cost.

　「3語の英語」で表現すれば、誰でも組み立てることができます。

日本語を組み立て直す練習

- 今から旅行の概略説明をします。

  (We will now give you an outline explanation of the tour.)

  ⬇⬇⬇

  今から旅行の概略(アウトライン)を述べます。

  (We will now outline the tour.)

- 私は新製品の企画を行っています。

  (I am making a plan for new products.)

  ⬇⬇⬇

  私は新製品を企画(計画)しています。

  (I plan new products.)

- その製品の採用により、費用削減を実現します。

  (The cost cut will be realized by adopting this product.)

  ⬇⬇⬇

  その製品が、コストを削減(カット)します。

  (This product will cut cost.)

> **POINT**
> コンパクトに表現した漢字表現をそのまま英語にすると伝わらない。日本語に引きずられずに、明快で簡単な動詞を選ぶ。日本語の漢字表現は無視して、頭の中で組み立て直すとよい。

日本語の「主語省略」で英作が難航する

主語(動作主)を見つけよう

　日本語は、「主語(動作主)」をあまり言わない傾向があります。一方英語では、動詞から始める命令文を除いて、「主語(動作主)」は必須の要素です。

　そこで、例えば次の内容を英語で伝えるとき、「主語を何にしようか」と迷ってしまうことがあります。

- パスワードを忘れてしまった。
  →誰がパスワードを忘れたか不明。
- 問題が生じています。
  →誰にとって、どのような問題が生じているか不明。

「パスワードを忘れてしまった」

A password was lost.

　この英文は、「パスワードが失われてしまった。誰がどのような状況でなくしたのかはわからない」ということを伝えています。この種の**受動態の文は、「他人事」のような印象を与えます。**

　日本語では、「私」や「あなた」といった主語を省略することが多くあります(P39参照)。

　英語で文を組み立てるとき、動作をする人は誰か(または動作す

るモノは何か)を考え、動作主を主語として使うように組み立てましょう。そうすることで受動態を避けることができます。「私＝I」を主語にして、能動態で表してみましょう。

⬇⬇⬇

I lost my password.
I forgot my password.

主語・動詞・目的語を並べる3語の英語。「私はパスワードを忘れてしまった」と明快に表すことができています。もとの英文 A password was lost. と同じ語数を使って、より明快に、状況を表現できます。

「問題が生じています」

この文の英語の主語は、何にするとよいでしょうか。「問題」は、誰に対して生じているのかがわかりません。その結果、次のような文となってしまいがちです。

There is a problem. 　　（問題がある）
A problem has occurred. 　（問題が起こっている）

これらはいずれも正しい文です。しかし、これらの文が伝えているのは「問題がある・起こっている」という事実だけです。切迫感もなければ、その問題がどういうものなのか、ということについての情報もありません。

そこで、「3語の英語」の出番です。思い切って、主語を「人」に決めてみましょう。ここでは、We（私たち）を主語にして、英文を組み立てます。

⬇⬇⬇

We face a problem.

主語、動詞、目的語をシンプルに並べます。「〜に直面している」を表す動詞 face を使用しました。

　There is a problem. と A problem has occurred. のどちらとも同じ語数を使っていますが、「人」を主語に使ったことで、伝わりやすくなるとともに、「問題が自分たちのものである」「解決しなければならない」という切迫感も、同時に伝えることができます。

　動詞 face「〜に直面している」が思いつかない場合にも、より簡単な動詞を使って、表してみましょう。

⬇⬇⬇

We have a problem.
　誰でも使える簡単な have は万能でおすすめです（P88 参照）。単純で明快な表現となります。

　さらには、シンプルに表現したことで、例えば次のように情報をつけ加えたくなるかもしれません。

⬇⬇⬇

We have a problem to solve.
　「解決しなくてはならない問題がある」と、情報をつけ加えて強く表現することができます。

⬇⬇⬇

We have a problem with our network system.
　「弊社のネットワークシステムには、問題がある」と、また別の方法で情報をつけ加えることも可能です。
　このように別の情報を加えて、「何に問題があるか」までを具体化することができれば、さらなる変更が可能になります。追加した情報を主語に使い、主語を「人」から「モノ」に変えて、より簡単

に表すことが可能です。

⬇︎⬇︎⬇︎

**Our network system has a problem. /
Our network system faces a problem.**

主語を We → Our network system に変更して、内容を具体化します。主語が「私」や「あなた」ではない無生物、つまり「モノ」であっても、英語の動詞 have や face を使うことができます。

> **POINT**
> 主語を見つけ出そう。動作を行う「人」または「モノ」を主語にすることで、単純明快に伝えることができる。

ブレイク&スキルアップ

「あなた」と「私」を隠す日本語文化を理解する

日本語は主語がなくても成り立つ言語です。例えば「お昼、食べた？」と聞く文に「あなた」という主語がなくても、大丈夫です。逆に、「あなた、お昼食べた？」などと「あなた」という言葉を出すのは、親密でない相手に対しては違和感が生じるくらいです。日本語は、コミュニケーションの相手に対して「あなた」というように名指しすることを控える習慣があるのでしょう。

一方、英語には主語が必要です。「お昼、食べた？」と聞く文で、Eat lunch? などというように主語を省いて表現すると、誤りとなってしまいます。「あなた = you」という主語を使い、Did you eat lunch? というように表現する必要があります。

なお英語では、you が頻繁に登場します。例えば、目上の人に対して「お昼をすまされましたか」という場合であっても、上司から部下に対して「君、お昼食べたの？」という場合であっても、同様

に、Did you eat lunch? と表現します。

　日本語では、主語が「私」の場合も同様に省略されることが多くあります。例えば「試験に受かった」と表現するのに、日本語では、「私は試験に受かった」というように「私」を使って表現するよりも、「試験に受かった！」や「試験に受かりました」、と主語を省いて表現するほうが自然です。
　「私は、〜した」「私は、〜する」とすべての文に「私」という主語を入れて表現すると、「自己」を不要に強調しているように響いてしまうことがあります。
　一方、英語で伝えるときには必ず、I passed the exam. というように、主語である「私＝I」を使って表現します。

　このような日本語と英語の「主語の登場率」の違いにより、いざ英語で表現しようとすると、動作主である英語の「主語」が見つからないという問題が生じます。

　そのようなとき、「日本語と英語は違う」ということを思い出して、英語では、「動作をする人」が誰かを考え、主語にしましょう。**「あなた」you** や **「私」I**、または **「私たち」we** といった「人」を主語にできます。または、「具体的なモノ」「抽象的なモノ」、「動作」なども、英語の文の主語に使うことができます (P81参照)。

「ブロークン英語」は
やはり伝わりにくい

単語だけを並べない

「英語はブロークンに、英単語を並べさえすればよい」と考えている人もいるようです。目的は「伝える」ことですので、伝わりさえすればよいという考え方は、間違っているわけではありません。

しかし、**「崩れた」英語は不格好だったり、理解しづらかったりするだけではなく、誤解されて伝わる可能性もあります。**何より、「3語の英語」を使えばブロークン英語をすぐに克服できますので、これを使わない手はないでしょう。

一例として「会話の中で目的語だけを使ってしまった」というパターンを考えてみます。

<シーン1：「お土産には和菓子」>

例えば、「お土産には和菓子がいいよ」と伝えたい場合を考えます。

「お土産」って何て言うの？
「和菓子は？」
「いいよ」は何と言えば？

このように混乱してしまい、お土産＝ souvenirs、和菓子＝

Japanese sweets という単語を頭に浮かべて、例えば次のように、単語をただ並べてしまう、といったことがあるかもしれません。

The souvenirs,
the Japanese sweets!

これでも伝わる可能性が高いのですが、「ブロークン英語」を使い、なんとなく気まずい思いをしたという方も多いのではないでしょうか。ではどうすればよいのでしょうか。

ネイティブのように、次々に英単語を出していく必要はありません。**落ち着いて、「主語」と「動詞」、それから「目的語」をおくように、頭でゆっくりと考えながら文を組み立てるとよいでしょう。**

そうすれば、主語と動詞をきちんと使って、なおかつ平易に表現することができます。

⬇⬇⬇

We have nice Japanese sweets. （ここでは和菓子が有名）
You should buy them. （おみやげにどう？）

動詞には、簡単な have を選びましょう（P88 参照）。

<シーン2:「この商品の良いところ」「プレゼンのまとめ」>

新商品を説明するプレゼンテーションで、「商品の良いところをご説明します」と伝えたいとき、次のようにブロークンに単語を並べた人がいました。

Now, good points.

伝えたかったこと：
「今から商品の良いところ（good points）をご説明します」

この英文が伝えたこと：
「さて、良い点」（？）

　さて、そんなときには主語と動詞をじっくり考え、英語を組み立てます。

Now, I show good points.

　動詞には、簡単なshow「〜を示す」が使えます。実際には、Now, I will show good points. のように助動詞を入れると自然です。しかしI show good points. と文にするだけでも、ブロークンな単語の羅列に比べて、格段に品位が上がります。

　また続いて、「最後にまとめです」と伝えたいときを考えてみましょう。

Finally, summary.

伝えたかったこと：
「それでは、最後に、プレゼンのまとめです」

この英文が伝えたこと：
「最後に、サマリー」（？）

改善するために、主語と動詞を入れましょう。

⬇⬇⬇

Finally, I will summarize my presentation.

動詞には、summarize「要点をまとめる」が使えます（P113 参照）。

> **POINT**
> 単語を並べるブロークン英語は、主語と動詞をゆっくり考えて並べることで改善できる。どんなに短くても、「文」をきちんと組み立てることで、あなたの英語の品位が上がり、そして正しく伝えることができる。

ブレイク&スキルアップ
「鍵」は学校英語からの発想の転換

中学や高校で習った英語は、さまざまな場面で広く使える一般的な英語です。誰でも最低限、英文を組み立てる力をつけることができるようになるという意味で、日本の学校教育は効果的です。

例えば、日本人なら誰でも、I like English.（私は英語が好き）という英文を組み立てることができるでしょう。

この「基礎力」は、本書で提案する「3語の英語」の使いこなしを支える大切な基盤となります。

「3語の英語」を使いこなすためには、学校で習得した英語から、「伝わる英語」へ発想を転換する必要があります。

学校では、先の I like English. のような文に加えて、さまざまな英文法や難しい表現もあわせて習っています。

実はそれらが「3語の英語」を組み立てる際の邪魔になったり、あるいは英語に苦手意識が生じたりする原因となってしまっているのです。

「3語の英語」の利点を知り、実践する

さて、「3語の英語」をどうやって組み立てればよいかをここで確認します。「3語の英語」は、「誰かが何かをする」、つまり次のように表します。

Somebody does something.

「人 (somebody)」でなくても、「何か (something) が何かをする」ということも可能です。

Something does something.

発想を変えれば誰でも「英語を使える」ようになる

本書の1章から5章の内容を実践すれば、学校英語のどこを生かし、どこを捨てればよいか、どのように英語を組み立てればよいかという「3語の英語」のコツを知ることができます。コツを知ったら、その後は「3語の英語」を実際に使い続けてください。あなたの英語コミュニケーションが変わり、そしてあなたの未来が変わっていくことでしょう。

学校英語の習得　…小学校・中学校・高校・大学・社会人 など (長年)
▼
「3語の英語」のコツ　…本書1章〜5章 (数日)
▼
「3語の英語」を使い続ける　…3語の組み立てトレーニング (どんどん上達)
▼
伝わる英語が話せる・書ける！ コミュニケーションが変わる！

CHAPTER 2

「3語の英語」は
動詞が決め手

「3語の英語」は、Somebody does something.(誰かが何かをする)、またはSomething does something.(何かが何かをする)の形、つまり「主語→動詞→目的語」と並べて組み立てるものです。そして、文の決め手となるのは「動詞」です。

「3語の英語」では、具体的な動作を表す動詞、動きのあるダイナミックな動詞、また能動態を使うことで「動詞」を生かし、より伝わりやすい英文を組み立てることが重要です。

本章では、動詞を生かし、「3語の英語」をうまく組み立てる方法を具体的に見ていきます。

本章の内容

- 「具体的な動詞」でスピーディーに伝える
- ダイナミックで明快な「他動詞」を使おう
- 受動態ではなく、短く力強い能動態を
- 否定を肯定表現に変える3つのアプローチ
- ぼやかさず、具体的に言い切る
- whenやifを使う文も「3語の英語」にできる

「具体的な動詞」で スピーディーに伝える

１語だけで、動作がわかるかどうか

動詞には、その１語だけで動作を具体的に表すことができる動詞と、そうではない動詞があります。例えば、次の動詞は動作が具体的に伝わるでしょうか。

do　　　　（する）
perform　（行う）
make　　　（作る）

これらの動詞は、具体的に何をするのかがわかりにくくなっています。do や perform は、「する」「行う」を表しますが、「何をする［行う］」のかはわかりません。make の場合、「作る」ことはわかりますが、意味が広く、具体的にどのような動作をするのかがわかりにくくなっています。

それに対して、具体的で明快な意味を１つだけ持っている動詞があります。その例を見てみましょう。

「私たちは企業訪問をする」
We do company visits.
🔽🔽🔽
We visit companies.

動詞 do の使用をやめ、名詞形 visits に隠れていた、動詞 visit を使用します。

「X社はY社に話を持ちかけた（アプローチした）」

X company made an approach to Y company.

⬇⬇⬇

X company approached Y company.

動詞 make の使用をやめ、名詞形 an approach に隠れていた動詞 approach を使用します。

「Z社は、生産拠点を台湾に移した」

Z company performed shifting of its production to Taiwan.

⬇⬇⬇

Z company shifted its production to Taiwan.

動詞 perform の使用をやめ、動詞を名詞形にした形（動名詞と呼ばれる）の shifting を、動詞 shift として使用します。

具体的な動作を表す動詞を使えていないとき、**本来の動詞が英文に隠れていないかを考えましょう**。多くは「動詞の名詞形」として、本当に使いたい動詞が英文のどこかに隠れています。それを見つけ出し、「3語の英語」の主役として使いましょう。

> **POINT**
> 「3語の英語」は動詞が決め手。動詞はできるだけ具体的に表せるものを選ぶ。動詞として使うべきものが、名詞の形で隠れていることもある。

ブレイク&スキルアップ
和英辞書を引くのをやめて、知っている単語で乗り切ろう

　「英語を使うためには、辞書を引くことが大切だ」ということを、多くの学習者が耳にしてきたことでしょう。「英語が使えないのは単語力がないためだ」と感じている人も多いと思います。

　確かに、「伝えたい」と思う内容が頭に浮かんでも、それを表す単語表現が浮かばないということは多々あります。しかし、一体どこまで広い「単語力」を身につければよいのでしょうか。

　私は、単語をわざわざ覚える努力をする必要はないと考えています。自分にとって重要な単語は、文脈の中で何度も出てくるため、自然に覚えることができるでしょう。どうしてもという必要性を感じたときだけ、辞書で調べたり、ネットで関連文書を読んだりして、新しい単語を使えばよいのです。

　では、辞書を引きたいと思ったとき、どんな辞書を引けばよいでしょう？　そのとき「和英辞書」をすぐ引くことはできるだけ控えたほうがよいと思っています。次の和文を英語で表してみてください。

三角形には、3つの辺がある。

　「三角形」とは何て言う？「辺」って何て言う？という風に、英語が出てこないときもあるでしょう。そんなときは「和英辞書」をすぐに引くのではなく、「じっと考えて」みてほしいのです。「△→三角」、昔「トライアングル」っていう楽器を使ったことがあるなあ、と思いを巡らせれば、「三角形= triangle」というように単語を探し当てることができるかもしれません。

　「辺」がわからなかったら、line（線）でも、別によいのではないかと思います。知っている単語で何とか乗り切るのです。なお、

「辺」は実際には side といいます。

さて、三角形は個数を数えますので冠詞 a を使い、動詞には平易な have (〜を持っている) を使って組み立てます。

A triangle has three lines.
A triangle has three sides.

これで完成です。なお、「辺」と和英辞書で引くと、辞書には、例えば次のような定義が出てきます。

「辺」の和英辞書定義例：
1〔漠然とした場所〕a part; a locality; a region; a district;〔方面〕a direction; a quarter;〔付近〕a neighborhood; a vicinity.
2〔漠然とした事情・程度〕
3〔多角形の各線分〕a side; a member.
＜『新和英大辞典』 研究社第5版＞

複数の単語が出てくると、どれを使えばよいのかがわからなくなってしまうことがあります。その結果、例えば1〔漠然とした場所〕の最後にある vicinity を適当に選んでしまったとしましょう。

A triangle has three vicinities.（?）

この英作文は、私が担当する英語の授業で、数名の学生が実際に書いたものです。何を伝えているのかわからない、誤った英文となってしまいました。vicinity とは、「周辺」を表す名詞であって、三角形の「辺」を表す単語ではありません。これほど極端ではないにしても、和英辞書から知らない単語を使った結果、大きく誤ってしまったということはよく起こります。

このような誤りを避けるためにも、和英辞書をできるだけ使わず、仮に使ったとしても、複数出てきた単語のうち知らないものは使わないようにすることが大切です。どんなときも、知っている単語、見たことのある単語を選んで、その場を乗り切るようにするとよいでしょう。

ダイナミックで明快な「他動詞」を使おう

「他動詞」と「自動詞」を理解しよう

「〜です」にbe動詞をあてると、語数が増えて複雑になると1章でお伝えしました。「3語の英語」では、be動詞ではなく、ダイナミックで明快な印象を与える動詞を使用します。それは、直後に動作の対象をおくことができる「他動詞」と呼ばれるものです。

いわゆる「他動詞」と、それに対する「自動詞」について簡単に説明します。

他動詞は、後ろに他の単語が必要

●**他動詞**

I like English.（英語が好きです）

動詞likeの場合、I like. だけで文を終えることはできません。like =「〜が好き」という意味ですから、I like ... what?（何が好きなの？）ということが必ず問われます。つまりlikeは、後ろに他の単語が必要な動詞です。これがいわゆる「他動詞」と呼ばれるものです。

●**自動詞**

I go.（行きます）

動詞 go の場合、I go. だけで文を終えることが可能です。I go. のあと、「どこに行くの？」という情報について問われるかもしれません。しかし、文にとって必須の要素ではありません。つまり自分だけで使える動詞です。このような動詞を「自動詞」と呼びます。

なお、I go. の後ろに情報をつけ加えたい場合には、I go（行きます）to university.（大学に）、のように加えることができます。一方で、I go university. とは言えません。動詞 go にとって、university は動作の対象ではないためです。

自動詞と他動詞のさらなる理解のために、ここで動詞を変えて、見比べます。

I go to university.（私は行きます。大学に）
I enter university.（私は大学に入ります）

enter（～に入る）は、自動詞の使い方に加えて、他動詞の使い方も持っている動詞です。この動詞であれば、I enter university.（私は大学に入る）のように、動詞の直後に動作の対象となる university をおくことができます。

繰り返します。自動詞とは自分だけで動作を行う動詞。他動詞とは他のものを動作の対象にするため、後ろに単語（目的語）が必要な動詞です。

他動詞と自動詞の違いを理解した上で、「ダイナミックで明快な他動詞」を使う例について、見てみましょう。

「彼は、プロジェクトのリーダーである」

He is a leader of the project.

　この文は、静的な状態を表すbe動詞を使っています。ダイナミックで明快な他動詞を使った文に組み立て直しましょう。「3語の英語」の出番です。

⬇⬇⬇

He leads the project.

　動詞lead（〜を率いる）を使うことで、ダイナミックな動きが表れ、明快に表現できます。

「このプログラムにより、時間の節約が実現できる」

The program results in time saving.

　「〜という結果になる」を表すresult in ... を使っています。間違いではありませんが、組み立てるのが難しく、誤りが増える表現です。

⬇⬇⬇

The program saves time.

　動詞save（〜を節約する）の使用により、ダイナミックで明快な「3語の英語」になりました。

「新しい年は、あなたにとって良い年になりますよ」

The new year will be a good year for you.

　やや長くて難しい文を組み立てました。正しい英文ですが、「3語の英語」を使い、発想を変えて、短くかつ明快に表現できないかを考えます。

⬇⬇⬇

The new year will treat you well.

　主語new year（新しい年）を変えずに、動詞をtreat（〜を扱う）に変えます。「うまく、よく」を表す副詞wellを入れることで、

「良い年になる」を表し、「年があなたをうまく扱う」という無生物を主語にした文となります。このような英語の無生物主語の発想も、面白いものです。

> **POINT**
> ダイナミックに表せる他動詞を探す。知っている平易な動詞をできるだけ使って、シンプルに表す。発想を変えて、明快に表現する。

ブレイク&スキルアップ
単語を対訳で「覚える」のではなく「イメージ」をつかもう

「英単語を無理に覚えなくてもよい」ということを先に伝えました。ただ、「よく使いそうな単語」や「必要だと自分で判断した単語」については、忘れないよう記憶に残しておきたい人も多いはずです。

そのようなときは、「覚える」よりも、「イメージをつかむ」ことのほうが役に立ちます。特に動詞の場合は、「動詞が表す動作のイメージをつかむ」ことをおすすめします。

例えば、exploreという単語を例にとります。この単語を「覚えた」としても、使いこなすことがなかなかできない場合があります。辞書には、explore =「探求する」と書いてあります。

「覚えたい」と思う単語があれば、このように「活字」の対訳で記憶しようとするのではなく、次ページの図のように、画像で頭に残すようにするとよいでしょう。

そうすれば、さまざまな文脈で使うことが可能になります。

このような「画像」の入手については、インターネット検索エンジンGoogleの「画像検索」が有効です。exploreと入力欄に入れて、「画像」検索をクリックすれば、exploreにまつわるさまざまな画像が出てきます。ざっと見渡すだけでも、その単語が持っている意味を大まかに把握することが可能です。

ちなみに、このexploreという単語は、日常のカジュアルな場面でも使うことができます。例えば、友人とどこのお店に入ろうか迷いながらレストラン街を歩いているとしましょう。イタリア料理、和食、中華、「何にする？」と友人に聞かれたら、"Let's explore."と答えることができます。日本語の「ちょっと見回ってから決めよう」といった意味になります。

explore＝「探求する」と対訳で覚えていたら、そのような場面で使いこなすのは難しいでしょう。

また、exploreという単語はより正式な場で、「新しい手法を探す」といった意味でも使うことが可能です。

例えば、We will explore a new approach.（新しい手法を探す）などと表すことができます。

気になる単語、重要と思われる単語があれば、Google で画像検索し、画像で記憶に残しながら、使い続けるとよいでしょう。それにより、単語帳を使って数多くの単語を無理して覚えたり、毎回辞書を引いて日本語と英語の対訳を確認したりしなくても、使える単語数が自然に増えていくでしょう。

受動態ではなく、短く力強い能動態を

わかりやすく、伝わりやすいのは？

　日本語の「主語（動作主）省略」により、能動態の使用が難しくなることがあります（P36参照）。しかし可能な限り、能動態を使いましょう。受動態を使うとなぜいけないのか、また能動態を使う利点は何かについて、ここで説明します。

「受動態」の文とは、「動作を受けるものが主語」の文です。例えば、English can be used by anyone.（英語は誰にだって使える）は受動態の文です。
「能動態」の文は、「動作をする人やモノ（動作主）が主語」の文です。例えば、Anyone can use English.（誰にだって英語は使える）は能動態の文です。

　いずれも正しい文ですが、強調している部分が微妙に異なっています。また、声に出して読んでみて、どちらが舌を噛まずに楽に発音できるかについても試してみるとよいでしょう。

> ●声に出して発音してみましょう。どちらが発音しやすい？
> English can be used by anyone.　（受動態）
> Anyone can use English.　　　　（能動態）

受動態と能動態が与えるインパクトの違い

続いて、受動態と能動態の与える印象の違いを比較します。次の文を比べてみましょう。特に英文の力強さ、与えるインパクトを比較してみましょう。

＜受動態＞
Tohoku was hit by the great earthquake in 2011.
（2011年に東北は大地震に見舞われた）

＜能動態＞
The great earthquake hit Tohoku in 2011.
（2011年に大地震が東北を直撃した）

いかがでしょう？ 受動態を使ったはじめの英文は、語数が多く、弱い印象を与えていることが感じられるでしょう。

一方、**能動態を使った英文は、短くシンプルで強力な印象を与えます。**

さて、引き続き比較しながら、受動態から能動態への変換を練習しましょう。

なお、受動態から能動態へ「態を変換する」ことが難しいと感じる方も、実際は何も恐れることはありません。

実際に英語を組み立てるときには、単に、**「誰かが（主語）→ する（動詞）→ 何を（目的語）」というように、左から右へと、矢印にそって並べていくだけ**です。

したがって、実際は能動態の文を使ったほうが、はるかに平易に、頭の中で英文を組み立てることができるのです。

「そのプロジェクトは部長が始動しました」

The project was started by the manager.（受動態）

⬇︎⬇︎⬇︎

The manager started the project.（能動態）

「価格には消費税が含まれている」

Tax is included in the price.（受動態）

⬇︎⬇︎⬇︎

The price includes tax.（能動態）

「私の連絡先は電話番号000-1234-5678です」

I can be reached at 000-1234-5678.（受動態）

⬇︎⬇︎⬇︎

You can reach me at 000-1234-5678.（能動態）

主語を変えずに、受動態を避けることも可能

「3語の英語」の組み立てに慣れてきたら、受動態から能動態への変換について、次のような応用テクニックも可能になります。

これまで主語を変えることで、受動態から能動態へと変換してきました。しかし発想を変えることにより、主語を変更せずに能動態にできる場合もあります。

主語を変えずに、受動態から能動態への変換にトライしてみましょう。

「この製品は、多くの用途で使うことができる」

(受動態によるありがちな組み立て)
This product can be used for many applications.

＊applications = 用途

この文の場合、態を変えようと思っても、動作主となる適切な主語が思い浮かびません。

「モノ」である「この製品（This product）」が主語となっているので、受動態になってしまうのは仕方がないとあきらめてしまうかもしれません（P204参照）。

しかし、発想を変えるとともに、余分な言葉をそぎ落とすことで、「3語」で組み立てる工夫をしてみましょう。

どんな英文も、「3語」に落とし込み、能動態で、「主語」「動詞」「目的語」を並べるのです。

⬇⬇⬇

This product has many applications.

(この製品には、多くの用途がある)

動詞には、シンプルで簡単なhave（〜を持っている）を使いました（P88参照）。

練習しよう！

先の応用テクニックを使ってみましょう。

「このアプリ（This app）はとっても便利。多くのことができてとても良い」

This app is very convenient. This app can be used to do many things, and so is very good.

単語数が多いので、発想を変え、「3語の英語」に落とし込んで

みましょう。

　下線部に入る動詞と名詞をは何でしょうか。

⬇⬇⬇

This app ＿＿＿＿＿＿（動詞） many ＿＿＿＿＿＿（名詞）.
I ＿＿＿＿＿＿（動詞） it.

ヒント：「このアプリは多くのことに使える。とても良い」の2文を「3語の英語」
　　　　で組み立ててみましょう。

This app has many uses.
I like it.
（このアプリ、用途が多い。とっても良い！）

　発想を変えて、「3語の英語」の2文で表現しました。単語 use は、動詞だけでなく「用途」という意味の「名詞」がありますので、それを使って1文目を表現しました。動詞には、シンプルで簡単な have（〜を持っている）を選択しました（P88参照）。

　2文目は、簡単で便利な動詞 like（〜が好き）を使いました（P92参照）。具体的に内容が伝わっていることがわかるでしょう。このように表現しておけば、続いて「そのアプリ、どんなことに使えるの？」というように先へと話が弾むはずです。

POINT
動作主を主語にした能動態を使おう。「人」を主語にした能動態、「モノ」を主語にした能動態の両方が可能。能動態の英文は「動詞」が生きる。シンプルで簡単な動詞を選んで、能動態を組み立てよう。

否定を肯定表現に変える3つのアプローチ

「否定」を使いたくない3つの理由

「否定文」とは、not を使った次のような英文です。

I <u>don't like</u> English. （私は英語が好きではない）
I <u>don't have</u> any idea. （アイディアが浮かばない）
I <u>didn't have</u> breakfast this morning. I <u>didn't have</u> time.
（私は今朝、朝ご飯を食べなかった。時間がなかったから）

このように否定の内容を表す not を使った否定文を、何とか肯定文を使って表そうというのが「3語の英語」の考え方です。否定文をやめたい理由は次の3つです。

1. 単語数が多くなるので減らしたい

否定の not が文に入ると、単語数が多くなり、どうしても複雑な文になってしまいます。例えば次の文を、声に出して読んでみてください。舌を嚙みそうになったり、途中で疲れてしまったりするはずです。

> **＜声に出して読んでみましょう＞**
> I didn't have breakfast this morning. I didn't have time.
> （私は今朝、朝ご飯を食べなかった。時間がなかったから）

2．ネガティブな印象を避けたい

否定文のnotは、「ネガティブ」な印象を与えます。例えば、I don't have any idea. は、「アイディアが浮かばなくて、残念」といったネガティブな印象を与えます。

3．英語は、否定の内容を肯定表現する方法が豊かである

日本語ではどうがんばっても、否定文でしか表現できない場合があります。例えば、「アイディアが浮かばない」を、「〜ない」を使わずに表現するのには無理があります。例えば、「アイディアがゼロである」といった文のことですが、このように無理をして表すよりも、「アイディアがない」と表すほうが、日本語では自然です。

一方で、英語ではnotを使わずに否定の内容を表す方法が、いくつもあります。先の「アイディアがゼロである」という発想です。つまり、「ゼロのアイディアを持つ」と表現するわけです。I have no idea. となります。have（〜を持つ）は用途の広い万能動詞ですが（P88参照）、「ないアイディア（no idea）を持つ」という文脈にも使えます。

否定の内容を肯定表現するためには、主に次の方法があります。

1．「肯定形＋ no ＋名詞」で表す
2．反対語を使う
3．動詞部分の発想を変えて表す

さて、この1〜3の方法を使って、冒頭であげた3つの英文を、

肯定形を使った「3語の英語」でそれぞれ表現してみましょう。

I don't like English.
I don't have any idea.
I didn't have breakfast this morning. I didn't have time.

⬇⬇⬇

I dislike English.（私は英語が好きではない[嫌いだ]）
like ⇔ dislikeという反対語を使いました。

I have no idea.（アイディアが浮かばない）
「肯定形＋no」で表現しました。

I skipped breakfast this morning. I had no time.
（私は今朝、朝ご飯を食べなかった。時間がなかったから）
動詞部分の発想を変えました。また、「肯定形＋no」で表現しました。

英文が短くなり、わかりやすくなり、また力強く表現できています。ほとんどの英語の「否定文」は、伝える内容を変えずに、より明快な印象を与える肯定表現に変えることができます。

> **POINT**
> 否定の内容であっても、肯定形で表現しよう。語数が減り、力強く明快に伝えることができる。「肯定形＋ no ＋名詞」を使う、反対語を使う、または動詞の発想を変えることにより、ほとんどの否定文は肯定表現できる。

ぼやかさず、具体的に言い切る

結論をはっきりさせよう

「3語の英語」は伝える中身が明快です。中身がぼんやりしている場合、「3語」で伝えることは難しくなります。例をあげます。

「新しい政策は、売り上げ増加に効果があると思われる」
Our new policy is thought to be effective for increasing sales.

「売り上げ増加に効果があると思われる」は、伝えたい中身が定まらず、ぼやかした表現です。実際に「売り上げが増加する」のか、または「売り上げ増加につながりそう」なのかが不明です。そのような場合、「3語」で表すことは難しく、is thought to be effectiveのように長い英語表現となってしまいます。

「3語の英語」を使って、伝える内容も組み立て直しましょう。

Our new policy will increase sales.
（新しい政策により、売り上げが増加すると思う）

はっきり明快な印象に変わりました。動詞には、1語で表せる明快なもの（今回はincrease（～を増加させる））を使いました（P110参照）。また、「～と思われる」を表していたis thought toは、助動詞willに変更しました（助動詞についてはP144参照）。

同じ発想で、次の英文をブラッシュアップしてみましょう。

「この本は、学生にとって良いものだ」
This book is good for students.

「良い」の部分がぼんやりしていて、具体的ではありません。この後の相手の反応としては、「ふーん、そう」というように、コミュニケーションが終わってしまいそうです。

そこで、「3語の英語」の出番です。どのように「良い」のかを考え直し、具体的に伝えます。「3語」で表現しようとすると、自然と伝える中身も具体化していきます。

⬇⬇⬇

This book helps students.（この本は学生の助けとなる）

明快な印象を与える「3語の英語」が完成しました。このあとは、「どのような助けとなるの？」と、さらなる情報を知りたくなることでしょう。そこで、落ち着いて、情報を加えればよいのです。

This book helps students <u>to learn English</u>.
（この本は、学生が英語を学ぶ助けとなる）

もとの英文 This book is good for students.（この本は、学生にとって良いものだ）と1ワードしか変わらず、より具体的な内容（この本は、学生が英語を学ぶ助けとなる）を表現できました。

> **POINT**
> 何を伝えたいかを定め、「3語の英語」で表現する。「**主語→動詞→目的語**」と順に組み立てる癖をつけると、「ぼんやりした思考」を改善することができる。「3語の英語」で頭の中も明快になる。

ブレイク&スキルアップ
「朝飯前」を英語にすると?
日本語を英語に変換するということ

　「そんなの朝飯前!」ということを伝えるためには、英語でどう表現すればよいでしょう?

　It's before breakfast! (それは朝食の前!)

　このように直訳してしまっては、何を伝えているのかがまったくわかりません。どう伝えればよいでしょうか。

　It's a piece of cake! (そんなの朝飯前です!)という英語の表現があります。

　「ケーキ一切れ」、a piece of cake を使って、「朝飯前」、つまり「とても簡単であること」を表します。

　しかし、この It's a piece of cake! という表現を使いこなせる日本人はどのくらいいるでしょうか。まず a piece of cake という表現を覚えるのが大変です。また覚えたとしても、何となく気恥ずかしくて、It's a piece of cake! と言えない人も多いはずです。

使える表現の選択

　そんなとき、より簡単で、より自信を持って使える表現を考えることをおすすめします。

　例えば、次のように表現することができます。

　It's easy! (そんなの簡単です)

　また、次のようにも表現できます。

　I can do that! No problem. (できます。簡単です)

　つまり、I can do that! のように主語・動詞・目的語の3つを使

って表現することが可能です。No problem.(問題ないよ)とも加えて言っておけば、「朝飯前」のニュアンスがよく伝わります。

「そんなの朝飯前！」
✗ It's before breakfast!　…伝わらない
　⇒ ◯ It's a piece of cake!　…伝わる、でも覚えるのが難しい
　⇒ ◎ It's easy!　…簡単、伝わる
　⇒ ◎ I can do that! No problem.　…簡単、伝わる

「英語で伝える」ということは、「朝飯前」を before breakfast のように単語を置き換えることではありません。また、It's a piece of cake! のような「決まり文句」を、場面に合わせていくつも覚えるというわけでもありません。

「英語で伝える」ということは、日本語の単語と英語の単語を対応させて表すことではありません。誰でも知っていて、誰にでも使える英語表現で、新たに英語を組み立て直すことです。中身が簡単に伝わり、誤りが起こりにくく、自信を持って使える英語を目指しましょう。

whenやifを使う文も「3語の英語」にできる

もっとシンプルな英文にできる！

　WhenやIfで始める文は、1つの文の中に主語と動詞が「2セット」登場します。メイン部分の「主語と動詞」と、サブの部分の「主語と動詞」です。例えば次のような文です。

If <u>you</u> <u>have</u> questions, <u>you</u> <u>can ask</u> now.（質問があったら、聞いてください）
　　（サブの部分）　　　　　**（メインの部分）**

　この文では、you have（サブの部分）、you ask（メインの部分）の「2セット」の主語と動詞が登場しています。**日本語の頭で考えた文をそのまま英語にすると、このような構造になってしまう**ことが多くあります。

　しかし、この構造は組み立てるのが難しく、仮に正しく組み立てたとしても、メインの主語と動詞に到達するまでに時間がかかります。「3語の英語」を使って、もっとシンプルな文、つまり主語と動詞が1セットだけ登場する「単文」に変えましょう。

なぜ日本人は when や if をよく使うのか？

　なぜwhenやifをよく使ってしまうのか。主な理由は2つあります。

　1つは、**日本語では「条件」を表す部分を必ず前において表現する**ということが影響しています。つまり、「条件」を表す部分を文

の後半におくことはありません。

例えば、「聞いてください、質問があったら」と言うことは通常ありません。

whenやifが増えてしまうもう1つの理由は、**日本語では「条件」を表すときには、「条件節」、つまり「〜であれば」「〜のとき」といった表現を必ず使います**。日本語では、「条件節」を使わずに条件を表すことが難しくなっています。

例えば、「〜であれば」という「条件節」を使わずに書いた次の文を見てください。
先の「質問があったら、聞いてください」という「条件節」を使った文とはニュアンスが異なります。

「質問は、聞いてください」

→「質問があったら、聞いてください」という文のほうがはるかに自然です。

「3語の英語」に変える方法①
──メイン節を前に出す

先の「質問があったら、聞いてください」を表した英語の文、If you have questions, you can ask now. を「3語の英語」で組み立て直してみましょう。

まず、先に説明していた「メインの部分」と「サブの部分」について、「メインの部分（＝言いたいこと）」を前に出してみましょう。

```
If you have questions, you can ask now.
     (サブの部分)           (メインの部分)

     ↓

You can ask now if you have questions.
     (メインの部分)           (サブの部分)
```

　文のメインの主語と動詞が前に出ました。しかしこの文では、大切な情報である questions が英文の最後にきています。これを前のほうに移動して、「3語の英語」へと整えましょう。

⬇⬇⬇

You can ask questions now.

　これで完成です。この文がなぜ「質問があったら」の意味になるのかについては、英語の「冠詞 the」の存在が深く関係しています。

　冠詞 the は、「すでにそこにあるもの」「コミュニケーションの双方にとってわかっているもの」を指します。したがって、冠詞 the を使わずに questions を表していることにより、「そこにないもの」、つまり「もしあったとしたら」というような if のニュアンスが出てきます。

　なお、もしも if のニュアンスをもっと出したい、というのであれば、後ろに if 節をつけ加えておいても別にかまいません。次のように表現できます。

You can ask questions now if you have any.

「3語の英語」に変える方法②
――動作を主語にする

「主語と動詞を2セット使う複文」⇒「シンプルな単文」への変更

のパターンはもう1つあります。こちらも日本語にはない発想です。「〜するとき、〜する」というパターンの文を、「〜が〜を起こす」というように組み立て直すパターンです。つまり、「動作」を主語に使います（P84参照）。

「あなたがテレビを見ていると、私はイライラするの」

When you watch TV, I get irritated.

*irritate = 〜をイライラさせる

⬇⬇⬇

Your watching TV irritates me.

「ドアハンドルに触れると、ドアロックが解除されます」

When you touch the door handle, the door will be unlocked.

⬇⬇⬇

Touching the door handle will unlock the door.

　ここで活用した「主語」は、動作を表す動詞（watch、touch）にingをつけて、動詞（〜する）を名詞（〜すること）として働かせた、いわゆる「動名詞」というものです。最初の文では、Your watching TV ＝「あなたがテレビを見ること」が「私をイライラさせる」というように、SVOを並べています。次の文は、Touching the door handle ＝「ドアハンドルにタッチすること」が「ドアロックを解除する」というように、SVOの形で表しています。

> **POINT**
> 主語・動詞のセットが2回出てくるwhenやifによる複文を極力避け、「3語」を使ってシンプルに表現。whenやifを使った文の「メイン節（言いたいこと）」を後ろから前に移動すると、「3語」への変換方法がわかる。また、「動作を主語にする」ことで、「〜が〜を引き起こす」のSVOで表現することも可能。

ブレイク&スキルアップ
「3語の英語」と テクニカルライティングのルール

必要なのは難解な英語？ シンプルな英語？

　私は、「特許翻訳」という特殊な翻訳の仕事に就いたとき、「難解な英語」を書く覚悟をしていました。難しい技術を説明するのですから、「難しい英語」が必要に違いない、と考えていました。しかし、そこにあった世界の理想は、「ノンネイティブとネイティブの両方に伝わり、誰にでも間違いなく理解ができる、単純明快で、平易な英語」でした。しかも海外に目を向けると、数多くの指南書（スタイルガイド[※1]やテクニカルライティング[※2]に関する洋書）によるルールがあり、それらのルールにしたがって書けば、誰でも「読み手が理解できる文を書ける」というものでした。

円滑なコミュニケーションのための英語のコツ

　例えば、テクニカルライティングの洋書 *The Elements of Technical Writing* (Gary Blake & Robert W. Bly) には、次のようなルールが記載されていました。

> Principles of Technical Communication
> （テクニカルコミュニケーションの原則）
>
> - Use the active voice.（能動態を使おう）
> - Use plain rather than elegant or complex language.
>   （上品な言葉や複雑な言葉よりも、平易な言葉を使おう）
> - Delete words, sentences, and phrases that do not add to your meaning.
>   （意味を持たない単語や文、句を削除しよう）
> - Use specific and concrete terms rather than vague generalities.
>   （あいまいな広い言葉よりも明確で具体的な言葉を使おう）

- Use terms your reader can picture.
  (読み手が「頭に描ける」言葉を使おう)
- Use the past tense to describe your experimental work and results.
  (実験と結果について記載するときは過去形を使おう)
- In most other writing, use the present tense.
  (それ以外のほとんどは、現在形を使おう)

…続く

　面白い、と思いました。これらのルールが明示される実務の英語の世界があることを知ることにより、日本人全体の英語が変わると考えています。なぜなら、これらのルールにしたがうことにより、素早く、少ない負担で英語を組み立てることができるようになるためです。私たちノンネイティブにとって、頭の中で素早く正しい英語を組み立てることは、英語を書くときだけでなく、英語を話すときにも重要です。

　本書では、これらのルールをもとにしながら「3語で伝える英語」に焦点を当てて、円滑にコミュニケーションを進めるコツを伝えます。ネイティブにもノンネイティブにも伝わり、コミュニケーション相手と英文を組み立てる本人の両方の負担が減る「3語の英語」を提案します。

※1　スタイルガイドとは、出版物などにおいて統一した言葉づかいを規定する手引きのことです。代表的なものに、一般向けの *The Chicago Manual of Style* や科学技術系の *The ACS Style Guide* などがあります。
※2　テクニカルライティング (=Technical writing in English) とは、さまざまな実務文書、例えば技術論文、プロポーザル、マニュアル、仕様書、技術報告書、特許明細書といった文書を英語で書く手法のことです。

CHAPTER ③

これでOK！
「3語の英語」の
組み立てパターン

本章では、「3語の英語」を使うための実践的な英語の組み立て方法を伝えます。主語の選び方を説明し、そして基本動詞と応用動詞を紹介します。また、本章の終わりには、主語と動詞の選択用テンプレートでおさらいします。「主語」と「動詞」の選択に迷ったら、テンプレートを活用してください。

文のはじめにおく主語は、「人」「モノ」「動作」「This」から選んでください。主語のすぐ後におく「動詞」は、多くの文脈で使える簡単便利な万能動詞、明快な印象を与える動詞、面白くて便利な動詞などから自由に選び、英文を組み立ててください。

本章の内容

- **大切なのは、主語と動詞の選び方**
- **ステップ①主語は「4つ」から選ぶ**
- **ステップ②(基礎編)基本動詞をおさえる**
  1. 人にもモノにも使える万能動詞 have、use、include
  2. 主語が「人」の便利動詞 find
  3. ポジティブな感情を明快に伝える like と enjoy
  4. (人などを)〜させる surprise、interest 他
  5. 反対語動詞 dislike、disable、unveil、unlock、uncover 他
  6. SVOを作る明快動詞 benefit や replace、relocate
  7. 1語が生きる「特徴」「強調」を表す動詞 feature と highlight

- **ステップ②(応用編)便利な動詞を使いこなす**
  1. 強くて明快な動詞 need と require が表す「必要」
  2. 「最大にする」「最小にする」の maximize と minimize
  3. 「実現する」「達成する」に便利な achieve
  4. 主語と目的語を選ばない便利動詞 allow、permit、enable、そして cause
  5. 「上げる」と「下げる」に increase と decrease (reduce)、raise と lower
  6. 「説明する」や「要約する」に explain、describe、discuss、summarize、outline
  7. 短く伝える動詞
     outnumber、outweigh、outperform、double、triple

- **「5つのパターン」で3語の英語を組み立てる**

大切なのは、主語と動詞の選び方

主語の選択は「4つ」から

英語では、主語を必ず文のはじめにおきます。そして主語に続けて動詞をおきます。日本語のように主語を省略することはありません（例外的に、命令文では主語を省いて動詞から始めます）。したがって、主語によって英文の印象も大きく変わってきます。

本書では、主語を次の4種類から選んで英文を組み立てます。

1. 人
2. モノ
3. 動作
4. This：直前に伝えた「このこと」

主語で文を開始すること、つまり、主語より前に何もおかないのがおすすめです。詳しく説明します。

例えば「今朝、朝ご飯を食べなかった」という場合、This morning, I had no breakfast. とせずに、I had no breakfast this morning. とすると、主語で文を開始することができます。

また例えば「コミュニケーションスキルを改善するために、英文法を勉強している」と言うとき、To improve my communication skill, I study English grammar. のように日本語と同じ並びに組み立てることも可能です。しかし主語から文を開始する癖をつければ、英文を組み立てるのが楽になります。この場合 I study English grammar to improve my communication skill. となります。

それぞれの主語「人」「モノ」「動作」「This」については、次の項目以降で詳しく説明します。

便利な動詞をおさえておこう

主語に続く動詞は英文中で最も重要です。**動詞の選択により、英文の構造が確実に決まり、英文の与える印象が決まる**ためです。

本書では、いわゆる「他動詞」を使います。他動詞とは、動作の対象となる目的語を直後に必要とする動詞です（他動詞の説明は P52、111 参照）。

他動詞を使うことで、Somebody does something.（誰かが何かをする）または Something does something.（何かが何かをする）の形、つまりＳＶＯの形で英文を組み立てることができます。

使える動詞の蓄えを増やし、「３語の英語」を練習することが大切です。「３語の英語」に使えるさまざまな動詞を、基礎編・応用編に分けて紹介します。

一般によく知られている動詞であり、その「良さ」を再確認したい動詞、またはこの機会に知っておくと便利な動詞を取りあげます。具体的には次のような動詞です。

● **基礎編**

1. 人にもモノにも使える万能動詞 have、use、include
2. 主語が「人」の便利動詞 find
3. ポジティブな感情を明快に伝える like と enjoy
4. （人などを）〜させる surprise、interest 他
5. 反対語動詞 dislike、disable、unveil、unlock、uncover 他
6. ＳＶＯを作る明快動詞 benefit や replace、relocate
7. １語が生きる「特徴」「強調」を表す動詞
   feature と highlight

● **応用編**

1. 強くて明快な動詞 need と require が表す「必要」
2. 「最大にする」「最小にする」の maximize と minimize
3. 「実現する」「達成する」に便利な achieve
4. 主語と目的語を選ばない便利動詞
   allow、permit、enable、そして cause
5. 「上げる」と「下げる」に
   increase と decrease（reduce）、raise と lower
6. 「説明する」や「要約する」に
   explain、describe、discuss、summarize、outline
7. 短く伝える動詞
   outnumber、outweigh、outperform、double、triple

ステップ①
主語は「4つ」から選ぶ

4つの主語をマスターしよう

さて、「3語の英語」の組み立てを助けてくれる「4つの主語」を説明します。

1. 人
2. モノ
3. 動作
4. This：直前に伝えた「このこと」

1. 主語が人：コミュニケーションの主人公はあなた。I か We で文を始めよう

まずは「人」を主語にした英文の組み立てをマスターしましょう。能動態・SVOで組み立てる「3語の英語」では、自由に「人」を主語にすることができます。

まずは I か We で文を始めましょう。また文脈によっては、さらに You や He、She、They などを使うこともあるでしょう。

I speak English. 　　　　　（私は英語を話す）
We love English. 　　　　　（私たちは英語が好きだ）
Do you like English? 　　　 （英語、好きですか？）
He/She studies English. 　（彼／彼女は英語を勉強している）

They enjoy learning English.（彼らは英語学習を楽しんでいる）

2. 主語がモノ：英語ではモノの主語を多く使う。モノを主語にしよう

　主語は「人」ばかりではありません。「モノ」を主語に使い、いろいろな文を組み立てることができます。「物理的なモノ」だけでなく、「抽象的なモノ」、例えば「現象」や「抽象概念」も3語の英語の主語にできます。

　さらに「モノ」を主語にして、その「モノ」について描写説明をする文（「モノが〜を備えている」といった文）、または「モノ」が具体的な動作を行う、という文も可能です。これは「モノにより〜が引き起こされる」という文になります。

　思い切って「モノ」（物理的なモノ、抽象的なモノ）を主語にして、**「モノが（S）→する（V）→何かを（O）」**、というSVOの文を組み立ててみましょう。例えば以下のような文です。

The book contains useful information.
　↑ 物理的なモノ(book)の説明　（その本には有益な情報が含まれている）

　次からの例示では、「モノ」が主語の文に対して、それぞれ「人」が主語の場合も併記します。印象や語数などを比べ、「モノ」が主語の文の明快さを感じていただけたら、「モノ」を主語の選択肢の1つに入れてください。

　そして、「人」が主語でも「モノ」が主語でも文を組み立てられる、自由な表現力を身につけていきましょう。

CHAPTER 3 ● これでOK!「3語の英語」の組み立てパターン

Our sales strategies need improvement.
(我々の販売戦略には、改良が必要である)
↑ 抽象的なモノ (sales strategies) が「～を必要としている」と表す

比較「人」が主語の場合は？

We need improvement in our sales strategies. (We が主語)

The store attracts more than 10,000 customers every day.
(その店には、毎日1万人以上の集客がある)
↑ 物理的なモノ (store) が「～をひきつける」と表す

＊attract = ～をひきつける

比較「人」が主語の場合は？

More than 10,000 customers come to the store every day.
(customers が主語)

This hot summer causes people to stay indoors.
(この夏の暑さで、人々は室内にこもっている)
↑ 抽象的なモノ (summer) が「～を引き起こす」と表す

＊cause～to ... = ～が…するのを引き起こす

比較「人」が主語の場合は？

In this hot summer, people stay indoors. (people が主語)

My job brought me to Tokyo. (仕事のために私は東京に来た)
↑ 抽象的なモノ (job) が「私を連れて行く (bring)」と表す。
「モノが動作を行う」表現も、英語では可能。

＊bring ... = ～を連れて行く

比較「人」が主語の場合は？

I came to Tokyo for my job. (I が主語)

083

3. 主語が動作：動詞＋ing を主語にすると、if/when 節や it is 構文が減る

次は「動作」が主語の文です。「動詞」を「名詞」の形で表す「動名詞」を使います。「動名詞」とは、動詞（〜する）を…ing の形に変えて、「〜すること」という名詞の形で表すものです。それを主語に使います。例えば、動詞 communicate（コミュニケーションを取る）の動名詞は、communicating（コミュニケーションを取ること）です。動詞 improve（改善する）の動名詞は、improving（改善すること）です。

Communicating with many people will increase our knowledge.
（多くの人とコミュニケーションを取ることで、知識が増える）

「多くの人とコミュニケーションを取ること」（Communicating with many people）が主語。

比較「人」が主語の場合は？

We can increase our knowledge by communicating with many people.（We が主語）

Improving the work conditions will attract more job applicants.
（労働条件を改善すれば、志望者が増える）

「労働条件を改善すること」（Improving the work conditions）が主語。

比較「人」が主語の場合は？

If you improve the work conditions, your company will attract more job applicants.（you が主語、your company が主語）

●動名詞の代わりに「動詞の名詞形」を使うと？

また、「動名詞（動詞 + ing）」の代わりに「動詞の名詞形」を使

うことも、形の上では可能です。動詞の名詞形とは、単語の語尾が -tion や -ment となる単語です。

例えば先の communicate の名詞形は communica<u>tion</u>、improve の名詞形は improve<u>ment</u> です。なお、動詞の名詞形は ing 形と異なり、その都度勝手に作れるわけではなく、そのような名詞形が存在する場合にしか使えません。

動詞の名詞形:
<u>Better communication</u> will improve our relationship.
　　　　　　　　（良いコミュニケーションを取ることができれば、関係がよくなる）

しかし動詞の名詞形を使うと、動名詞を使った場合と比較して「ダイナミックな動き」は消えてしまいます。

先に見た Communicating with many people will increase our knowledge. のように、ダイナミックな動きが効果的な文脈があります。

この場合、動詞の名詞形を使う Communication with many people will increase our knowledge. と比較してみると、動名詞 Communicating を使ったほうが明快に表すことができます。

ただ文脈によっては、「動名詞（動詞 + ing)」の代わりに単純な名詞を使うことも可能です。

<u>Better work conditions</u> will attract more job applicants.
　↑　　　　　　　（労働条件を良くしたら、志望者が増える）
「より良い労働条件」(Better work conditions) を主語にすることも可能。

4. 主語が This：直前に伝えた「このこと」（That や This/That + 名詞、などアレンジ可能）

最後は「This が主語」です。ここでの This は、「前の文で伝えたこと」をまとめて、「このこと」という意味になります。This を主語にしたＳＶＯを使うと、簡単に文を組み立てることができるだけでなく、直前の内容との「つながり」を強めながら、コミュニケーションを進めることが可能になります。

さらに、This（このこと）を That（そのこと）に変更、または This や That にさらに名詞を加えて具体化する（This → This idea）といったアレンジも可能です。

＜前文：「興味深い話」＞
This interests me.（このことは興味深い）
That interests me.（そのことは興味深い）
This idea interests me.（このアイディアは興味深い）

比較 「人」が主語の場合は？

I think what you said is interesting.（あなたが話したことは、興味深い）

＜前文：「要点についての話」＞
This summarizes my points.（このことが、私の言いたかった要点です）
That summarizes my points.（そのことが、私の言いたかった要点です）
＊Thisを主語にすれば、時制も現在形が使えます。

比較 「人」が主語の場合は？

In this way, I summarized my points.
（このように、私の言いたかった要点を伝えました）

<前文:「質問への回答の説明」>
This answers your question. （これがあなたの質問の答えになります）
This information will answer your question.
（この情報があなたの質問の答えになると思います）

＊Thisを主語にすれば、時制も現在形が使えます。

比較 「人」が主語の場合は？

I gave an answer to your question. （あなたの質問に答えました）

POINT

ステップ① 主語は「4つ」から選ぶ

1．主語が人：
コミュニケーションの主人公はあなた。IかWeで文を始めよう

2．主語がモノ：
英語ではモノの主語を多く使う。モノを主語にしよう

3．主語が動作：
動詞＋ingを主語にすると、if/when節やit is構文が減る

4．主語がThis：
直前に伝えた「このこと」（That や This/That＋名詞、などアレンジ可能）

人の主語に加えて、モノや動作、Thisも主語に使うと「3語の英語」の幅が広がる。

ステップ②(基礎編)
基本動詞をおさえる

広い場面で使える便利な動詞

「3語の英語」の組み立てが容易になる動詞を蓄えましょう。そうすることで、どんな状況でも焦らず、スムーズに英文を組み立てることができるようになります。

「基礎編」では、身近で平易、そして広い場面で使える基本動詞を取りあげます。主語が「人」だけの動詞、「人」にも「モノ」にも使える動詞の両方を扱います。

1. 人にもモノにも使える万能動詞
　　have、use、include

まずは、いろいろな文脈に使える万能動詞 have、use、include です。これらの動詞はいずれも、主語が「人」でも「モノ(物理的なモノ・抽象的なモノ)」でも使うことができます。

動詞 have、use、include はそれぞれ、「持っている」「使う」「含む」という意味を基本として、そこから広がるさまざまな文脈で、さまざまな主語や目的語と一緒に使うことができます。例を見てみましょう。

< have：持っている >
モノなどを備えている、状態や属性を持っている

I have a smartphone.（スマホを持っている）

　主語は「人」です。「モノを持っている」を表します。

My car has an airbag.（私の車にはエアバッグが備えられている）

　主語は「物理的なモノ」です。「モノがモノを持っている」を表します。

My tablet has a storage of 64 GB.（私のタブレットは64GBある）

　主語は「物理的なモノ」です。「状態や属性を持っている」を表します。

Nuclear power generation has disadvantages.
　　　　　　　　　　　　　　　　　（原子力発電には欠点がある）

　主語は「抽象的なモノ」です。「状態や属性などを持っている」を表します。

< use：使う >
使う、使用する、採用する、活用する

I use a bicycle to get to work.（私は職場に自転車で行く）

　主語は「人」です。「使う」を表します。

The company uses special sales strategies.
　　　　　　　　　　　　　（その会社は特殊な販売戦略を採用している）

　主語は「人」に準ずる「組織」です。「採用する」を表します。

My car uses less gasoline.（私の車はガソリンが少なくてすむ）

　主語は「物理的なモノ」です。「使う」を表します。

Nuclear power generation uses uranium as a fuel.
　　　　　　　　　　　　（原子力発電にはウランが燃料として使用されている）

　主語は「抽象的なモノ」です。「使用する」を表します。

> **＜include：含む＞**
> **含む、含まれる、備える、〜などがある**

The product includes a user manual.
　　　　　　　　　　　（その製品にはユーザーマニュアルがついている）

　主語は「物理的なモノ」です。「含む」「備える」を表します。

Our tasks include analyzing customer needs and designing products.
　　　　　（私たちの仕事には、顧客のニーズを分析し製品を設計することなどがある）

　主語は「抽象的なモノ」です。「〜などがある」として例示しています。

Designing includes finding good materials.
　　　　　　　　　　　　　　（設計工程には材料の検討もある）

　主語は「動作」です。「〜などがある」を表します。

Company restructuring involves drastic changes.
This includes staff cuts.
　　　　　　　　　　（会社の立て直しには大きな変化が伴う。人員の削減もある）

　主語は「This」（直前に伝えた「このこと」）です。前の文章を受

け␣る主語 This を使い、「これには〜が含まれる」を表します。

2. 主語が「人」の便利動詞 find

> **＜ find：見つける＞**
> **見いだす、わかる、探し出す、知る**

　主語が「人」のときに使える平易で便利な動詞に、find があります。「〜を知る」「〜がわかる」「〜を探し出す」といった文脈に使うことができます。

You will **find** the latest fashion in this magazine.
　　　　　　　　　　　　（この雑誌には、最新のファッションが載っている）

Kids often **find** the beauty of nature.
　　　　　　　　　　　　　　（子どもはよく自然の美しさを見つける）

We **found** the cause for the PC breakdown.
　　　　　　　　　　　　　　　（パソコンの故障の原因がわかった）

I **found** that she married a celebrity.
　　　　　　　　　　　　　（彼女が有名人と結婚したことを知った）

　なお、We found <u>out</u> the cause for the PC breakdown. や I found <u>out</u> that she married a celebrity. とせず、found 1 語で表現できます。
　動詞は基本的に「1 語だけ」で使うのがポイントです（P48 参照）。この動詞 find は、「見つける」「見いだす」というときに find out のように out を加えたくなるときがあります。しかし、out を加えることを我慢し、find 単体で使えないかについて、その都度検討するとよいでしょう。

また、この動詞は基本的に主語が「人」となりますが、まるで「モノ」が動作を行うかのように擬人化し、「モノ」を主語にできる文脈があります。例えば次のような例です。

This product finds many applications.（この製品には多くの用途がある）
This material finds uses in cosmetics.（この物質は化粧品に使える）

　これらは、主語を擬人化した特殊な表現と考えるとよいでしょう。

3. ポジティブな感情を明快に伝える like と enjoy

　難しく考えず、「好き」か「嫌い」か、「面白い」か「面白くない」かを伝えましょう。特に、「好き！」「面白い！」というポジティブな感情を、簡単な動詞 like や enjoy を使って伝えることで、コミュニケーションが円滑に進むでしょう。なお、これらの動詞は「感情」や「考え」を表しますので、主語は「人」になります。

< like：好き >

I like the plan.　（その計画、いいね）
I like your idea.　（あなたのアイディアに賛同します）

< enjoy：面白い >

I enjoy the seminar.　　（今受けているセミナー、面白いです）
I enjoyed your presentation.　（あなたのプレゼン、よかったよ）

4.（人などを）〜させる surprise、interest 他

「〜に驚く（be surprised at）」や「〜に興味がある（be interested in）」という表現に使われている surprise、interest は、「〜を驚かせる」「〜に興味を持たせる」を意味する他動詞です。

これらの動詞は、必ずしも受動態で使わなければならないというわけではありません。つまり、「私は〜に驚く」「私は〜に興味がある」を表す I am surprised at ... や I am interested in ... という使い方以外に、〜 surprises me. や〜 interests me. のように、能動態でも使うことができます。

ここでは、surprise、interest をはじめとして、「（人などを）〜させる」という動詞を紹介します。これらの動詞 surprise、interest の主語には、「モノ（物理的・抽象的）」も「人」もなることができます。

< surprise：驚かせる >

You surprised me. 　　　　　　（ああ、驚いた）
The data surprised the audience.（そのデータに聴衆は驚いた）

< interest：興味を持たせる >

Your talk interests me.（あなたの話は興味深い）
The new product will interest a wide variety of buyers.
　　　　　　　　（新製品にさまざまな消費者が興味を持つことでしょう）

< attract：ひきつける >

The bargain-priced items attract customers.
　　　　　　　　　　（バーゲン品で客を集めることができる）

< disturb、interrupt：邪魔をする、割り込む >

She disturbs me at work.（彼女は仕事中に私の邪魔をする）
She interrupted our conversation.（彼女が会話に割り込んできた）

< irritate、annoy、trouble：イライラさせる、困らせる >

He irritates me. （私は彼にイライラする）
He annoys me. （私は彼が嫌になっている）
He troubles me. （私は彼に困っている）

< scare：怖がらせる >

He scared me. （彼、怖かった）
Do not scare me.* （おどかさないで）
*命令文を使っています。

5．反対語動詞
　　dislike、disable、unveil、unlock、uncover他

　単語の頭に dis や un をつけることで、反対語となる動詞があります。反対語を活用すれば、「～しない」という否定の内容を表すときに、not を使った否定文ではなく、反対語の動詞を使った肯定文で表すことができます。肯定文で表すことで、文が長くなることを避け、明快に表現できます（肯定文については P63 参照）。

< dislike：嫌い >

My parents dislike hospitals.（両親は病院嫌いだ）
⇔ My parents like hospitals.（両親は病院好きだ）

He dislikes cats.（彼は猫が嫌いだ）
⇔ He likes cats.（彼は猫が好きだ）

> dislike は like（好き）の反対語。dislike を使うことで、否定文の My parents don't like hospitals. や He doesn't like cats. よりも、短く明快に表現できる。

＜ disable：不可能にする ＞

This disables file sharing.（このことにより、ファイル共有ができなくなる）
⇔ This enables file sharing.（このことにより、ファイル共有が可能となる）

> disable は enable（可能にする）の反対語。disable と enable をペアで使えるようにしておくと便利。

＜ unveil：発表する ＞

Company X unveiled a new wearable computer.
（X社が新しいウェアラブルコンピュータを発表した）
⇔ Company X veiled the new wearable computer in complete secrecy until its announcement.
（X社は新しいウェアラブルコンピュータを、発表のときまで極秘にしていた）

> unveil は veil（〜を覆い隠す）の反対語。unveil は「覆いを外す」、つまり「(新製品などを) 発表する」の意味となる。

＜ unlock：ロック解除する ＞

The thief secretly entered the shop at night and unlocked the cashbox.（泥棒は夜に密かに店に入り、金庫を解錠した）
⇔ The shop owner locked the cashbox as usual.
（店主は、いつもの通り、金庫を施錠した）

unlockはlock（鍵をかける）の反対語。複数単語を使ったThe thief opened the lock of the cashbox.（泥棒は金庫の鍵を開けた）よりも、短く表現できる。

＜uncover：覆いを外す・解き明かす＞

We want to uncover the secrets behind their marketing strategies. （彼らの販売戦略の秘密を解き明かしたい）

uncoverはcover（覆う）の反対語。「覆いを外す」、つまり「解き明かす」という意味で、広く使える。

●さまざまな反対語の動詞ペア

like（好き）	dislike（嫌い）
enable（可能にする）	disable（不可能にする）
veil（隠す）	unveil（発表する）
lock（施錠する）	unlock（解錠する）
cover（覆う）	uncover（覆いを外す・解き明かす）
approve（認める）	disapprove（否認する・非難する）
connect（つなぐ）	disconnect（切断する）
understand（理解する）	misunderstand（誤解する）
interpret（解釈する）	misinterpret（誤って解釈する）
lead（導く）	mislead（誤った方向に導く）
read（読む）	misread（読み違える）

6. SVOを作る明快動詞 benefit や replace、relocate

「恩恵を与える」という動詞 benefit について例をあげます。benefit は、明快なＳＶＯの文を作ることができる面白い動詞です。

他にも、ＳＶＯを作る明快な動詞 replace（取って代わる）と relocate（移動する）を紹介します。

＜ benefit：恩恵を与える＞

This work benefits you.（この仕事はあなたに恩恵をもたらす）
This win-win project benefits all concerned parties.
（この「お互いにプラスのプロジェクト」は、関係者すべてに恩恵をもたらす）

名詞 benefit との比較：

benefit は、「恩恵」「利益」という意味の名詞形のほうでよく知られている単語のようです。名詞で使った場合との比較をしておきましょう。

The work has benefits for you.

This win-win project provides benefits for all concerned parties.

形容詞 beneficial との比較：

また beneficial という形容詞を聞いたことがある人もいるかもしれません。こちらも比較をしておきましょう。

This work is beneficial for you.

This win-win project is beneficial for all concerned parties.

自動詞 benefit との比較：

さらに、この benefit という単語を動詞で使う場合であっても、先に見た他動詞ではなく、自動詞での使用に馴染みがある人もいるでしょう。「恩恵を受ける」という自動詞で使う場合、次のようになります。

You can benefit from this work.
All concerned parties benefit from this win-win project.

見てきたように他動詞 benefit（恩恵を与える）を使えば、同じ内容を明快なＳＶＯで表現可能です。同類の名詞（benefit[s]）、形容詞（beneficial）、自動詞（benefit）を使うよりも文が短くなります。

＜ replace：取って代わる＞

Smartphones will replace personal computers.
（これからは、スマホがパソコンに代わって使われる）

比較

Smartphones will be used instead of personal computers.

Automation may replace all human labor.
（オートメーションがあらゆる人間の労働に取って代わるかもしれない）

比較

Automation may take the place of all human labor.

> replace（取って代わる）を使えば、be used instead of（〜に代わって使われる）や take the place of（〜に取って代わる）といった長い表現を使わずに、1語で表現できる。

< relocate：移動する >

I will relocate the printer.（プリンターの位置を移動する）

比較

I will change the location of the printer.

We will relocate our office to a new building next month.
（来月、オフィスを新しいビルに移転する）

比較

We will move the location of our office to a new building next month.

> relocate（移動する）を使えば、change the location ofや move the location ofを避け、短く明快に表現できる。

7. 1語が生きる「特徴」「強調」を表す動詞 feature と highlight

モノを「説明」するとき、その「特徴」を説明したい場合や、特徴を「強調」したい場合があります。動詞 feature「〜を特徴として有する」と、動詞 highlight「〜を浮き彫りにする・際立たせる」を紹介します。これらを使いこなせば、ＳＶＯでシンプルに表現できます。

< feature：特徴とする >

The movie features the beautiful computer graphics.
（その映画は美しいCG画像を特徴としている）

This product **features** a compact size.
(この製品はコンパクトさを売りにしている)

> < highlight：際立たせる >

The news **highlights** the issue facing Japan.
(そのニュースは、日本が直面している課題を明らかにしている)
This **highlights** the importance of English in your career.
(このことにより、あなたの仕事に英語が重要であることがはっきりする)

ブレイク＆スキルアップ
Like! 好きか嫌いかを言おう

「好きか嫌いか」、これほどシンプルに考えを伝えられることはありません。「好き」を表す動詞 like を気軽に使えるよう、練習しておきましょう。

例1：「彼女が講師のセミナーは、とてもいいです」と言いたい場合、多くの日本人は、次のように文を組み立ててしまうのではないでしょうか。

- 彼女が講師のセミナーは、とてもいいです。
  Her seminar is very good.

主語、動詞、目的語を並べる「3語の英語」で組み立て直してみましょう。

I like her seminar.

例2：次に、「京都に来てみて、どう？」と聞かれて、「食べ物がおいしい」と答える会話を、英語で考えてみましょう。

- Aさん：「京都に来てみて、どう？」
  Bさん：「食べ物がおいしい。」
  A：How is Kyoto?
  B：The food is delicious.

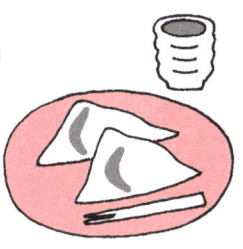

「おいしい」を表す delicious という単語もありきたりですので、別の表現を考えてみましょう。「好き」と伝えてみましょう。また、「京都に来てみてどう？」と尋ねるほうも、be動詞を使わずに、「どのように京都が好きか」という表現を使うことができます。

A: How do you like Kyoto?
B: I like the food.
（I enjoy the food here. もよい）

例3：最後に、少し長い文の「笑顔が素敵な写真ですね」を英語で表現してみましょう。「笑顔が素敵な」「写真」というかかりが意外に難しく、なかなか英語が出てこないのではないでしょうか。

- 笑顔が素敵な写真ですね。
  The photo is nice with their smiles.

なんとかひねり出した表現が、例えば上のようになるでしょう。

間違いというわけではありませんが、ストレートに「素敵な笑顔」ということが伝わるかどうかはわかりません。また、声に出してみると、長くて舌を噛んでしまいそうです。

⬇⬇⬇

I like the photo. I like their smiles.

難しかったら、2文に分けて、「3語の英語」を2回繰り返せばよいのです。コミュニケーションが平易になり、円滑になるでしょう。

動詞 like を使った「3語の英語」は、発想を変えるだけで、簡単に使い始めることができます。ぜひトライしてください。

ステップ②(応用編)
便利な動詞を使いこなす

具体的で明確な動詞をおさえる

　応用編の動詞に進みます。応用といっても、「難しい」とかまえる必要はありません。応用編では、日常会話に限らず公式な仕事の現場でも使える動詞、そして基本的に主語が「人」「モノ」どちらでも平等に使える具体的で明快な動詞を集めました。

1. 強くて明快な動詞
need と require が表す「必要」

「必要とする」ことを伝えたい文脈で使える動詞 need と require を紹介します。

　動詞 need と require は、<「人」が何かを必要とする(主語は人)>という場合に限らず、<「モノ」が何かを必要とする(主語はモノ)>という場合にも使えます。その明快さと、この2つの動詞の少しの違いも含めて見ていきましょう。

< need: 必要とする(一般) >

I need you.(<例:友人に対して>私にはあなたが必要です)
We need you.
　　(<例:会社を辞めようとしている従業員に対して>私たちにはあなたが必要です)
I need a change.(<例:退社を決意している従業員>私には、変化が必要です)
This company needs changes.(この会社には、変化が必要です)

The company rules need drastic changes.
(就業規則を大幅に変えなければならない)

主語は「人」も「モノ」も可能。シンプルなＳＶＯを作ることができる。伝える情報、声のトーンも自由。堅めの正式な文でも、平易な会話文でも、両方に使用が可能。

＜ require: 必要とする (正式) ＞

The windows of this building require cleaning.
(この建物の窓を清掃しなければならない)
Persons in wheelchairs may require assistance.
(車いすに乗っている人は援助が必要な場合がある)
This requires time. (これには、時間がかかる)
The company rules require 8 hours of work per day.
(就業規則によると、1日8時間労働の必要がある)

「要求する」という意味に基づく「必要」を表す。主語には「人」「モノ」のいずれも可能。堅くて正式な「必要」、つまり権利や権力により生じる「必要」を表す。

need と require の違い

needはカジュアルな場面から正式な場面まで、広く使える一般語です。
requireは正式な場面、「権利」や「権力」から必要性が生じる文脈で使います。

単語の使い方として、needは単に "X needs Y." (XはYを必要としている) として使います。一方requireは、"X requires Y." (XはYを要する) に加えて、"X requires Y to do Z." (XはYが

> Zすることを必要とする［要請する、要件とする］）という使い方も可能です。
>
> "X requires Y to do Z." の形の文は、次のようになります。
>
> 例：The company rules require employees to work 8 hours per day.
> （就業規則によると、従業員は1日8時間労働をする必要がある）

2. 「最大にする」「最小にする」の maximize と minimize

動詞1語で明快に表せる maximize「最大にする・最大限に～する」と minimize「最小にする・最小限に～する」を紹介します。主語は「人」でも「モノ」でも可能です。簡単な会話の中から、堅い正式な場面まで、幅広く使うことが可能です。

< maximize: 最大にする >

I want to maximize the lecture time.
（講義時間を最大限に有効活用したい）

This approach will maximize our profits.
（この方法を使えば、利益を最大限に拡大することができる）

< minimize: 最小にする >

We need to minimize the material cost.
（材料コストを最小限にする必要がある）

This technique will minimize the manufacturing time.
（この方法を使えば製造時間を最小限に抑えることができる）

> 主語は「人」も「モノ」も可能。明快なＳＶＯを作ることができる。平易な会話から堅い文まで、万能に使える。

3.「実現する」「達成する」に便利な achieve

何かを「実現する」「達成する」ということを伝えたい場合があります。「実現」「達成」という日本語と同様に、プラスのニュアンスを伴う英語の動詞を使いたいところです。そんなとき、achieve が便利に使えます。例えば「実現する」という日本語に使われがちな別の動詞 realize よりも、achieve にはプラスのニュアンスがあり、簡単に使えて伝わりやすい動詞です。

> **＜ achieve: 実現する・達成する＞**

The company **has achieved** two-digit growth.
　　　　　　　　　　　　　　　　　（その会社は、2桁の成長を実現してきた）
We **achieved** our sales targets in this fiscal term.
　　　　　　　　　　　　　　　　　（今期、目標売り上げを達成した）

比較

　△ The company has realized two-digit growth.
　△ We realized our sales targets in this fiscal term.
＊realizeを使うと直訳調で伝わりにくい。

> 平易で使いやすいachieve(実現する・達成する)。いろいろな文脈で広く使える。

4. 主語と目的語を選ばない便利動詞 allow、permit、enable、そして cause

①「許容する」(allow と permit)、②「可能にする」(enable)、③「引き起こす」(cause) という動詞を紹介します。これらの動詞の主語は、「人」「モノ(物理的なモノ、抽象的な現象)」いずれも可能です。

① allow と permit（許容する）、② enable（可能にする）、③ cause（引き起こす）の共通点は、次の 2 つの使い方です。

> ●モノ（現象）を許容する・可能にする・引き起こす
> 「モノ（現象）」を、動詞の直後において目的語に使うことで、シンプルに表します。
> ●人やモノが〜するのを許容する・可能にする・引き起こす
> 「人やモノ」を動詞の直後において、そのあと、「〜するのに」という部分に「to＋動詞」をおきます。

これらの動詞の使い方を、主語が「人」の場合と「モノ」の場合に分けて例文で確認しておきます。

＜モノ（現象）を許容する・可能にする・引き起こす＞

「人」が主語、目的語に「モノ（現象）」：
His parents allowed his stay at university.
（両親は彼が大学に残るのを許した）
His parents permitted his stay at university.
（両親は彼が大学に残るのを認めた）
His parents enabled his stay at university.
（両親は彼が大学に残るのを可能にした）
His parents caused his stay at university.
（両親のために彼は大学に残ることになった）

「モノ（現象）」が主語、目的語に「モノ（現象）」：
Medical advances allow early cancer detection.
Medical advances permit early cancer detection.
Medical advances enable early cancer detection.
Medical advances cause early cancer detection.
（医療の進歩により、ガンが早期発見できる）
＊early cancer detection = ガンの早期発見

① allow と permit、② enable、③ cause は、それぞれの意味は異なりますが、いずれも、「主語」と「目的語」にさまざまな内容

をおくことができる便利で万能な動詞です。

　allowとpermitは、どちらも「許容する」を表します。意味は似ていますが、permitはallowに比べて堅い表現であり、またより積極的な「許容」や「許可」に使います。enableは「可能にする」という、積極的でプラスのニュアンスを持つ動詞です。最後のcauseは「引き起こす」で、因果関係を表します。

　いずれの動詞も、具体的な動作を表す動詞が見つかりにくいとき、何らかの理由で動作を表す動詞を直接的におけない場合に、広く使えて便利です。

　また、主語と動詞の関係を直接的に表せない場合にも、これらの動詞が使えることがあります。例えば、先の例文 Medical advances allow early cancer detection. の中の、detection（「発見」という名詞）を detect（発見する）に変えて、Medical advances detect cancer early.（医療の進歩がガンを早期発見する）というように表現すると違和感があります。理由は、Medical advances が直接 cancer を detect するわけではないためです。実際は、cancer を detect するのは「医者などの人」となります。このように、主語と動詞の関係が直接的でない場合に、allow、permit、enable、cause が使えて便利です。

＜人やモノが〜するのを許容する・可能にする、引き起こす＞

「人」が主語、目的語に「人」：

His parents allowed him to stay at university.
　　　　　　　　　　　　　　（両親は彼が大学に残るのを許した）
His parents permitted him to stay at university.
　　　　　　　　　　　　　　（両親は彼が大学に残るのを認めた）

His parents enabled him to stay at university.
(両親は彼が大学に残るのを可能にした)
His parents caused him to stay at university.
(両親のために彼は大学に残ることになった)

「モノ(現象)」が主語、目的語に「人」:
Medical advances allow people to live longer.
Medical advances permit people to live longer.
Medical advances enable people to live longer.
Medical advances cause people to live longer.
(医療の進歩により、人は長生きできる)

「モノ(現象)」が主語、目的語に「モノ」:
Medical advances allow cancer to be detected early.
Medical advances permit cancer to be detected early.
Medical advances enable cancer to be detected early.
Medical advances cause cancer to be detected early.
(医療の進歩により、ガンが早期発見できる)

●ありがちな誤り

allow to、permit to、enable to、cause to

人やモノが〜するのを許容する・可能にする、引き起こす(allow [permit、enable、cause] + 人・モノ + to...)を表す場合、allow [permit、enable、cause]の直後には目的語(人やモノ)をおきます。allow [permit、enable、cause]のすぐ後にtoをおくことはできません。

つまり、His parents allow to stay at university. や Medical advances allow to live longer. は誤りです。allow to や enable to... などと覚えずに、「allow + 目的語(人・モノ) + to...」として使うようにしましょう。

5.「上げる」と「下げる」に increase と decrease (reduce)、raise と lower

具体的な動作を表す動詞 increase、decrease、raise、lower を紹介します。「上げる」と「下げる」を表す動詞です。

> **< increase、raise: 上げる >**

The government will **increase** the consumption tax
in a few years.
The government will **raise** the consumption tax
in a few years.

(政府は、数年後に消費税を上げる)

> **< decrease、reduce、lower: 下げる >**

People rather hope that
 the government **decreases** the consumption tax.
 the government **reduces** the consumption tax.
 the government **lowers** the consumption tax.

(国民はむしろ、政府が消費税を下げてくれることを望んでいる)

動詞 increase、decrease のペアは、「上げる・下げる」の文脈で、広く使うことができます。**動詞 increase、decrease は「量」に関する文脈でよく使われます**が、それに限らず、広くさまざまな内容にも使うことができます。

もう1つ、increase「上げる」とのペアになり「下げる」を表す動詞に reduce があります。**reduce は「量」よりも「程度」に関する文脈でよく使われます**が、こちらも広くさまざまな内容に使えます。decreaseに比べると、より積極的に「下げる」「カットする」

というような意味で reduce を使うことができます。

そして、もう１つの「上げる・下げる」のペアは、raise、lower です。この動詞ペアは、先の increase、decrease に比べ、**より積極的に「上げる」「下げる」**を表します。

なお、このようなニュアンスを理解するためには、他動詞と自動詞を理解することが役に立ちます。

先の increase、decrease は、他動詞と自動詞（P52参照）の両方の働きを持っています。
つまり「～を上げる・～を下げる」の他に、「（自ら）上がる・（自ら）下がる」の意味も持っています。

一方の raise には、「～を上げる」の意味を持つ他動詞の働きしか、ありません。lower は、他動詞と自動詞「～を下げる、（自ら）下がる」の両方の働きを持っていますが、他動詞「～を下げる」の文脈で使われるほうが多い動詞です。

●「他動詞」と「自動詞」のさらなる理解

本書で扱う「３語の英語」では、「他動詞」に重きをおいて、解説しています。「自動詞」については、ほとんど扱っていません。
しかし、「他動詞」と「自動詞」の両方を理解することは、「他動詞」を効果的に使うためにも重要です。
ここでは raise（他動詞）と rise（自動詞）のペアを使って、他動詞と自動詞の理解を深めましょう（P52参照）。

< raise と rise >

Raise your hand.
(手を上げて)

人が上げる

The sun rises.
(太陽が昇る)

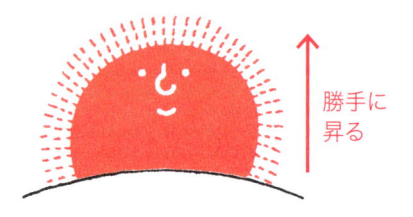

勝手に昇る

●他動詞: Raise your hand.

　何かに対して何かの動作が働く動詞を、「他動詞」といいます。「手を上げてください」という場合のRaise your hand.ですが、「手（your hand）」は、人による動作なしには、自ら上がることはありません。「手を上げよう」という人の意志のもとに、人が手を動かしてはじめて、「手」が上がります。このように、raiseという動詞は、それ単体で何かの動作ができるわけではなく、handといった他の名詞に対して動作を行う動詞、ということになります。つまり、このraiseという動詞は、「他動詞」のみの使用しかできません。

●自動詞: The sun rises.

他動詞raiseとのペアになる動詞rise。こちらは自動詞です。「太陽が昇る」という文を例にとると、riseの意味をよく理解する

ことができます。地上から見ると、太陽は自ら昇っていくように見えます。つまり地球上の常識では、誰かが背後で何か動作をしなくても、太陽は自ら勝手に昇るわけです。このように、「何か」が「自分で」動作をするときに使う動詞を「自動詞」といいます。

6.「説明する」や「要約する」に explain、describe、discuss、summarize、outline

「説明します」「要約します」という場合に便利ないくつかの動詞を紹介します。

「人」が主語の場合だけでなく、「モノ」や「This（前文の内容を表す）」（P81参照）を主語にする場合についても例をあげます。

＜explain: 理由を説明する＞

主語が「人」の場合
I will explain the purpose of our project.
（プロジェクトの目的について説明します）

主語が「モノ」の場合
Chapter 1 explains the project background.
（第1章に、プロジェクトの背景が説明されています）

主語が「This」の場合
This explains the popularity of our previous product.
（このことにより、前の商品の人気の理由がわかる）

●explainは「give reasonする」こと

explainは、「give reasons＝理由を述べる」という意味の「説明」を表します。

主語との組み合わせによって、explainが伝える意味は微妙に変わり、explainがいろいろな姿を見せます。Iが主語の場合、

文字通り「説明する」の意味で、「詳細な内容を伝えたり、裏づけをしながら説明する」という意味となります。

主語が「モノ」である2文目の場合も同様に、「裏づけをしながら説明していく」という動作が表されています。

● explainが表す「説明づける」

主語にThisを使った3つ目の文では、explainが「理由がわかる[説明がつく]」という意味になっています。つまり「このことが、～を理由づけてくれる」という意味となります。この「説明がつく」を表すexplainにより、explainが「give reasons＝理由を述べる」を意味することがよく理解できます。

＜describe: 描写説明する＞

I will describe the purpose of our project.
(プロジェクトの目的について説明します)
Chapter 1 describes the project background.
(第1章に、プロジェクトの背景が説明されています)

describeは、「描写する」という意味での「説明」を表します。explainのような「give reasons＝理由を述べる」の説明ではなく「内容を淡々と描写する」ことを表します。

＜discuss: 論じて説明する＞

I will discuss the purpose of our project.
(プロジェクトの目的について説明します)
Chapter 1 discusses the project background.
(第1章に、プロジェクトの背景が説明されています)

discussは、「論じる」という意味での「説明」を表します。「論じる、検討する、話し合う」という意味を表します。

他の「説明する」を表す動詞と同様に、直後に目的語をおいて使います。つまりdiscuss about ... などは誤りです。

またdiscussは、I will discuss the purpose of our proposal with you. というように、「論じ合う・相談する」場合の「相手」を示すことも可能です。

＜summarize: 要点を説明する＞

I will **summarize** the purpose of our project.
(プロジェクトの目的について要点を述べます)
Chapter 1 **summarizes** the project background.
(第1章に、プロジェクトの背景が要約されています)

summarizeは、「まとめて述べる」という意味です。「概要を述べる・要点を述べる・要約する」を表します。

＜outline: 概要をリストして説明する＞

I will **outline** the purpose of our project.
(プロジェクトの目的について説明します)
Chapter 1 **outlines** the project background.
(第1章に、プロジェクトの背景が説明されています)

outlineは、「要点をかいつまんで述べる」という意味です。「あらすじを述べる」を表します。

Thisを主語にして、動詞の意味を理解する
主語に「前文の内容を表すThis (このこと)を使って、explainとsummarizeのニュアンスを確認しておきましょう。

This explains everything.（これですべてに説明がつきます）
This summarizes his talk.（これで彼の話の要点がわかります）

This（前文の内容を表す）を主語に使う文脈で、explainは「説明づける」を表します。
「これですべてに説明がつく」「これですべてがわかる」というような意味になります。同様に、summarizeも「要点を述べる」を表します。「これで彼の話の要点がわかる」という意味になります。

7. 短く伝える動詞
outnumber、outweigh、outperform、double、triple

「3語の英語」を使って短く端的に表現できる、面白くて便利な動詞を2種類紹介します。1つはoutで始まる動詞で、「勝る」「超える」という意味のoutnumber、outweigh、outperformです。

もう1つはdouble、tripleで、「2倍にする」「3倍にする」を表します。

＜outnumber：「数」が勝る＞

「ノンネイティブの数は、ネイティブよりも多い」

The number of nonnatives is greater than the number of natives.

⬇⬇⬇

Nonnatives outnumber natives.

「out + number」で「数が勝る」を表す。動詞1語で明快に伝えることができる。

< outweigh：「重み」が勝る >

「メリットがデメリットよりも大きい」

The merits are greater than the demerits.

⬇⬇⬇

The merits outweigh the demerits.

> 「out + weigh」で、「重みが勝る」を表す。この明快な動詞により、英文が引き締まる。

< outperform：「パフォーマンス」が勝る >

「小さな企業が競合大手よりも良い業績を上げることがある」

Small companies can achieve better performance than their giant competitors.

＊giant competitors = 競合大手

⬇⬇⬇

Small companies can outperform their giant competitors.

> 「out + perform」で、「パフォーマンスが勝る」を表す。短く表すことができ、主語と目的語だけで簡単に使える。

< double、triple：2倍にする［3倍にする］ >

「ビルのオーナーが賃料を2倍に増やした」

The building owner increased the office rent twice.

⬇⬇⬇

The building owner doubled the office rent.

「会社の売り上げが2000年以降3倍に上がった」

The company has increased its sales three times since 2000.

The company has **tripled** its sales since 2000.

「2倍」「3倍」を表すdouble, tripleも便利。文が引き締まり、明快な印象を与えることができる。

「5つのパターン」で3語の英語を組み立てる

テンプレートを活用しよう!

基本テンプレートを使って、「3語の英語」の組み立てを練習してみましょう。テンプレートは、次の5つのパターンから成ります。

パターン1　人の動作を伝える
パターン2　人の感情を伝える
パターン3　モノの動作を伝える
パターン4　条件や因果関係を伝える
パターン5　前文から引きついで伝える

テンプレートの使い方

各パターンのテンプレートは、次の3ステップから成ります。

①伝えることを整理する	②主語を選ぶ	③動詞を選び、文を組み立てる

それぞれのステップをもう少し詳しく説明します。

①伝えることを整理する

伝えたいことを整理し、「3語の英語」に合う文にしましょう。「主語」「動詞」「目的語」の形に日本語を組み立て直します。

その際、日本語が多少不自然になっても、気にせず、組み立て直

しましょう。

②主語を選ぶ
①で整理した文に合う主語を選びます。人、モノ、動作、This、この４つから選びましょう。

③動詞を選び、文を組み立てる
①で整理した文に合う動詞を、②で選んだ主語に合わせて選び、文を完成させましょう。

本書の例文で「３語の英語」の組み立てに使用している動詞を、P126の「動詞リスト」に列挙しています。リストから動詞を選んでください。なお、先に「動詞リスト」に目を通してから、テンプレートを使い始めるのがおすすめです。

動詞リストでは、動詞の意味がわかりやすいように１つだけ記しています。各動詞に対する「対訳」として暗記しようとするのではなく、できるだけ各動詞の「イメージ」をとらえるようにしてください（P55参照）。

では、次ページよりテンプレートを紹介します。焦らずゆっくり、１つずつマスターしていってください。

CHAPTER 3 ● これでOK!「3語の英語」の組み立てパターン

パターン 1 人の動作を伝える

①伝えることを整理する	②主語を選ぶ	③動詞を選び、文を組み立てる
「人」による動作として伝えられるか ⇒「人」が「動作する」の形になるか	人 (I、We、You、He、She、They) から選ぶ	●人が行う具体的な動作・行為 (P126参照) ●人やモノが行う具体的な動作 (P130参照) ●簡単で万能な動詞 (例：使う、持つ) (P128参照) 他
例1 後で彼にメールします 整理⇒私は後で彼にメールします	I	will email him later.
例2 大きな問題が生じています 整理⇒私たちは大きな問題に直面しています	We	face a big problem.
例3 我々の戦略は変更の必要があります 整理⇒我々は戦略を変更する必要があります	We	need to change our strategy.
例4 彼女は経験を生かして人々を助けた 整理⇒彼女は経験を使って、人々を助けた	She	used her experience to help people.

パターン
2 人の感情を伝える

①伝えることを整理する	②主語を選ぶ	③動詞を選び、文を組み立てる
「驚く」「興味を持つ」「困る」といった感情を伝えたいか ⇒「人」または「モノ」が「人」を「驚かせる」「興味を持たせる」などの形になるか	「人」または「モノ」を主語にする	●「人を驚かせる」「人に興味を持たせる」 （P127参照）
「好き (好む)」か「嫌い (好まない)」や「楽しむ」を伝えたいか ⇒「人」が「好き」か「嫌い」や「楽しむ」の形になるか	「人」を主語にする	●「好き」「嫌い」「楽しむ」 （P126参照）
例1 彼のアイディア、面白いです		
整理1⇒彼のアイディアは、私に興味を持たせます	His idea	interests me.
整理2⇒私は、彼のアイディアが好きです	I	like his idea.
例2 その風景に、旅行者たちは感動しました		
整理1⇒その風景は、旅行者たちを感動させました	The scenery	moved the tourists.
整理2⇒旅行者たちは、その風景を楽しみました	The tourists	enjoyed the scenery.

CHAPTER 3 ● これでOK！「3語の英語」の組み立てパターン

パターン

3 モノの動作を伝える

①伝えることを整理する	②主語を選ぶ	③動詞を選び、文を組み立てる
「モノ」についての説明にできるか ⇒「モノ」が「動作」する、または「状態を有する」の形になるか	「モノ」を主語にする	●簡単で万能な動詞（例：使う、持つ）(P128参照) ●「必要とする」「達成する」(P128参照) ●「人を驚かせる」「人に興味を持たせる」(P127参照) ●きっぱり意味を伝える明快動詞(P129参照) 他
例1 このコピー機にはファックス機能が備えられています 整理⇒このコピー機は、ファックス機能を有しています	This copier	has a fax function.
例2 我々の戦略は変更の必要があります 整理⇒我々の戦略は変更を必要としています	Our strategy	needs changes.
例3 そのお店には、日曜にはより多くの客が来ます 整理⇒そのお店は、日曜にはより多くの客を集めます	The store	attracts more customers on Sunday.
例4 このPCは高画質カラーディスプレイが素晴らしい 整理⇒このPCは高画質カラーディスプレイを特徴としている	This PC	features a high-quality color display.

パターン
4 条件や因果関係を伝える

①伝えることを整理する	②主語を選ぶ	③動詞を選び、文を組み立てる
「〜であれば〜となる」という条件を伝えたいか ⇒「〜であれば（〜すれば）」を主語にして、「〜を引き起こす」「〜させる」の形になるか	「〜であれば（〜すれば）」の部分を「動作を表す動名詞(…ing)」や動詞の名詞形に変えて主語にする	●人やモノが行う具体的な動作 (P130参照) ●「引き起こす」「許容する」「可能にする」(P128参照) 他
「〜によって〜となる」という因果関係を伝えたいか ⇒「人」「モノ」「現象」が「〜を引き起こす」「〜を可能にする」の形になるか	「人」または「モノ」を主語にする	
例1 このボタンを押すと、エンジンがスタートします 整理⇒このボタンを押すことが、エンジンをスタートさせます	Pressing this button	starts the engine.
例2 私たちがより良いコミュニケーションを取ることができれば、関係は改善される 整理⇒より良いコミュニケーションは、私たちの関係を改善する	Better communication	will improve our relationship.
例3 両親のために彼女は日本に滞在することになりました 整理⇒両親が彼女を日本に滞在させる要因になりました	Her parents	caused her to stay in Japan.
例4 新アプローチによって低コスト生産が可能となります 整理⇒新アプローチが低コスト生産を可能にします	The new approach	enables low cost production.

CHAPTER 3 ● これでOK！「3語の英語」の組み立てパターン

パターン 5 前文から引きついで伝える

①伝えることを整理する	②主語を選ぶ	③動詞を選び、文を組み立てる
「受ける前文があるか」 ⇒「このことにより〜となる」「このことは、私（人）にとって、〜です」の形になるか	前文をThisとして、主語にする	●簡単で万能な動詞（例：使う、持つ）（P128参照） ●「必要とする」「達成する」（P128参照） ●「概要を述べる」「要点をまとめる」「説明する」（P129参照） ●人やモノが行う具体的な動作（P130参照）他
例1 このことが、我々の協議の要点となります 整理⇒これが、我々の協議の要点をまとめます	This	summarizes our discussion.
例2 このことをするのには、より多くの時間がかかります 整理⇒これは、より多くの時間を必要とします	This	requires a longer time.
例3 給料の削減もありえます 整理⇒これは、給料の削減も含む可能性があります	This	can include a pay cut.
例4 このことにより、状況が改善されると思います 整理⇒このことが状況を改善すると思う	This	will improve your situation.

このリストから動詞を選ぼう！

　本書の例文で「3語の英語」の組み立てに使用している動詞を列挙します。主語を決めたら、次はこのリストから動詞を選び、英文を組み立ててみましょう。

　英文を組み立てやすいように、動詞の意味や、動詞の特徴に応じて分類しています。また使い方として、主語が「人」か「モノ」かを記載しています。目的語についても、必要に応じて「人」「モノ」の別を記載しています。なお「人」とは、人に準ずる組織（例えば会社や機関など）も含むと理解してください。

主語は「人」

「好き」「嫌い」「楽しむ」

使い方 ▶ 主語は「人」。目的語は各動詞に応じて「人」や「モノ」

like	～が好きである
dislike	～が嫌いである
enjoy	～を楽しむ

人が行う具体的な動作・行為

使い方 ▶ 主語は基本的に「人」。目的語は各動詞に応じて「人」や「モノ」

email	～にメールする
visit	～を訪問する
meet	～と会う
marry	～と結婚する
buy	～を買う
sell	～を販売する
plan	～を企画する

forget	～を忘れる
teach	～を教える
study	～を勉強する
attend	～に出席する
access	～にアクセスする
read	～を読む
misread	～を読み違える
leave	～から去る
refuse	～を断る
find	～を見つける
approve	～を認める
disapprove	～を認めない
understand	～を理解する
misunderstand	～について誤解する

主語は「人」か「モノ」、目的語が「人」

「人を驚かせる」「人に興味を持たせる」

使い方 ▶ 主語は「人」も「モノ」も可能。目的語は「人」

surprise	～を驚かせる
interest	～に興味を持たせる
attract	～をひきつける
move	～を感動させる
irritate	～をイライラさせる
disturb	～の邪魔をする
interrupt	～に割り込む
annoy	～をいやがらせる
trouble	～を困らせる
scare	～を怖がらせる

主語は「人」か「モノ」

簡単で万能な動詞（例：使う、持つ）

使い方 ▶ 主語は「人」も「モノ」も可能。目的語は主に「モノ」

use	〜を使う
have	〜を持っている
include	〜を含む
show	〜を見せる
provide	〜を提供する

平易で用途が広い動詞

使い方 ▶ 主語は主に「モノ」

contain	〜を含む
involve	〜を伴う

「引き起こす」「許容する」「可能にする」

使い方 ▶ 主語は「人」も「モノ」も可能。目的語は自由（人、モノ、動作など）

cause	〜を引き起こす
allow	〜を許容する
permit	〜を許す
enable	〜を可能にする
disable	〜を不可能にする

「必要とする」「達成する」

使い方 ▶ 主語は「人」か「モノ」

require	〜を必要とする
need	〜を必要とする
achieve	〜を達成する

「概要を述べる」「要点をまとめる」「説明する」

使い方 ▶ 主語は「人」も「モノ」も可能。目的語は「モノ」

outline	～の概要を述べる
summarize	～の要点をまとめる
explain	～を説明する
describe	～を描写説明する
discuss	～について話し合う

「上げる」と「下げる」

使い方 ▶ 主語は「人」も「モノ」も可能。目的語は「モノ」

cut	～をカットする
reduce	～を減らす
raise	～を上げる
lower	～を下げる
increase	～を増やす
decrease	～を減らす

きっぱり意味を伝える明快動詞

使い方 ▶ 主語は「人」も「モノ」も文脈に応じて可能

outnumber	～より数が勝る
outweigh	～より重みが勝る
outperform	～よりパフォーマンスが勝る
double	～を2倍にする
triple	～を3倍にする
feature	～を特徴とする
highlight	～を強調する
benefit	～に恩恵を与える
replace	～に取って代わる
relocate	～を移動する

approach	〜に近づく
maximize	〜を最大にする
minimize	〜を最小にする
identify	〜を特定する
clarify	〜を明らかにする
determine	〜を決める

人やモノが行う具体的な動作

使い方 ▶ 主語は「人」も「モノ」も文脈に応じて可能

start	〜を開始する
open	〜を開ける
save	〜を節約する
skip	〜を飛ばす
send	〜を送る
lose	〜をなくす
bring	〜を連れて行く
help	〜を助ける
hit	〜を直撃する
treat	〜を取り扱う
touch	〜に触れる
guide	〜を案内する
pass	〜を通過する
fail	〜に失敗する
face	〜に直面する
shift	〜を移す
enter	〜に入る
reach	〜に到達する
lead	〜を率いる
mislead	〜を誤った方向に導く
reject	〜を拒絶する

accept	〜を受け入れる
answer	〜に答える
join	〜に参加する
revise	〜を改訂する
move	〜を動かす
change	〜を変える
delete	〜を削除する
develop	〜を開発する
explore	〜を探求する
interpret	〜を解釈する
improve	〜を改善する
place	〜をおく
assemble	〜を組み立てる
veil	〜を覆い隠す
unveil	〜を発表する
lock	〜を施錠する
unlock	〜を解錠する
cover	〜を覆う
uncover	〜を解き明かす
connect	〜をつなぐ
disconnect	〜を切断する
surround	〜を取り囲む
complete	〜を終える

CHAPTER 4

「3語の英語」に情報を足していく

「3語の英語」を組み立てられるようになったら、目的に合わせて英文を調整していきましょう。

まず、「3語の英語」にとって重要な要素である「動詞」のまわりのニュアンスを理解しましょう。具体的には、「時制」「助動詞」の使い方を学ぶことで、「3語の英語」をより強力で効果的なものへと変えることができます。

さらには、副詞、前置詞、分詞、関係代名詞などの「情報を加える」ときに使える項目を理解することで、「3語の英語」にどんどん情報を足していくことが可能になります。

これらの理解により、「3語の英語」をベースにして、微妙なニュアンスを調整したり、より多くの情報を伝えたりすることが可能になります。

本章の内容

「動詞まわりのひと工夫」編
- 時制の基本、「現在形」をマスターする
- 現在完了形で「今」を大切にする
- 微妙なニュアンスを助動詞で伝える方法
- 助動詞の過去形は「もしかしたら」を伝える

「3語に情報を足していく」編
- 副詞を活用すれば、「3語の英語」が生きる
- 前置詞を使って、関係を「見える化」する
- 名詞に情報を加える「分詞」と「関係代名詞」
- 関係代名詞の「非限定」、その2つの利点

「動詞まわりのひと工夫」編
時制の基本、「現在形」をマスターする

「今」を大切に

　動詞を使うとき、「時間」の概念である「時制」も同時に表すことになります。つまり、「～する」は現在形、「～した」は過去形、または現在完了形といった具合に、**「動詞による動作」と「時」を一緒に表す**わけです。

　英語の時制といえば、現在形に過去形、現在進行形に過去進行形、現在完了形、過去完了形、未来完了形、さらには現在完了進行形や未来完了進行形というようにたくさんの種類があり、「難しそう」と思う人もいるかもしれません。

　しかし、最も重要なことは、**「今」を大切に、そして「今」に焦点を当ててコミュニケーションを進めること**です。

　したがって、本書の「3語の英語」では、まずは「現在形」を正しく理解することから始めます。そして、「現在形」に次いで「今」に焦点を当てられる時制である「現在完了形」を理解しましょう。それでは、「現在形」から始めていきます。

現在形は「時間」に縛られない

　「現在形」というのは、非常に興味深い時制です。「最も簡単」に見えるようですが、実は非常に「奥が深い」時制です。ある英語ネイティブが、**「英語の現在形は時間の概念がない」「現在形は時間に縛られない」**と言っていました。「現在形」は「今」を表すと学校

で習っていたのに、「時間の概念がない」とはどういうことでしょうか。

現在形というのは、「今の瞬間」を表すのではなく、今の「まわり一帯」を表しているのです。特定の「時刻」に限られるのではなく、**ものごとを「普遍的」な概念として伝える**わけです。例文を見てみましょう。

I teach English. (英語を教えています)
I like teaching simple English to everyone.
(シンプルな英語を皆に教えることが好きです)
Simple English changes your life.
(シンプルな英語はあなたの人生を変えます)

これらすべては、「特定の時刻」に限ったことではなく、今も昔もこの先も変わらない（と思われる）、普遍的な事実として表されています。

現在形を他の時制と比較してみましょう。現在形を使うことで、コミュニケーションの魅力が増し、円滑に進むようになります。また、現在形を使うことで、「3語の英語」を使って正しく明快な文を組み立てることができるようになります。

現在進行形 v.s. 現在形

「弊社は車の部品を販売しています」

Our company is selling auto parts.
「弊社は車の部品を販売しています。今はね…」という意味。
時制を変更しましょう。

⬇⬇⬇

Our company sells auto parts.
「弊社は車の部品を販売しています。定常的に」という意味。

> **現在進行形と現在形を比較する**
>
> 現在形は、今の「まわり一帯」を表します。定常的にそうなっていること、普遍的なこと、を表します。
> 現在進行形は、今の瞬間に進行している動作を表します。つまり、一時的に今だけそうであることを表します。

●**現在進行形**

「今」の1点を表す

過去 ─── 今 ─── 未来

●**現在形**

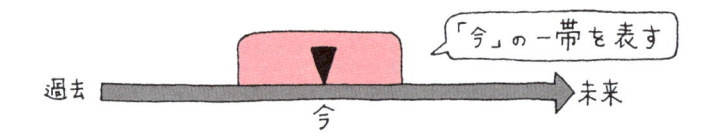

「今」の一帯を表す

過去 ─── 今 ─── 未来

過去形 v.s. 現在形

「このパソコン (PC) には問題があった。新しいものを買わなくてはならない」

This PC had problems. I need a new PC.

1文目は「このパソコンには問題があった。しかし今の状況はわからない」という意味になり、次の文「新しいものを買わなくてはならない」へとスムーズにつながりません。

時制を変更しましょう。

🔻🔻🔻

This PC has problems. I need a new PC.

「このパソコンには問題がある。だから新しいものが必要である」というように、「今」に焦点をおいて、スムーズに英文を続けることができます。

「このパソコンには問題がある」と現在形の日本語で表現することも可能ですが、**日本語では、「問題があった」「問題がある」の時制を大きく違うものとはとらえていません。**一方、英語の「現在形」と「過去形」は、「今」との関係、つまり「今」と切り離されているかどうかという点が決定的に違います。「過去形」は、「今とは切り離されていること、今はもう関係がないこと」を表します（P141参照）。

> **過去形と現在形を比較する**
> 英語の「過去形」は、それが１分前であろうと100年前であろうと、「今とは切れている」ことを表します。つまり、「すでに終わったこと」「もう今は関係ないこと」という印象を与えます。**現在形**は「今」を表します。今問題になっていること、解決したいこと、今興味があることとして表します。現在形は、普遍的な事実を表す魅力ある時制です。

●過去形

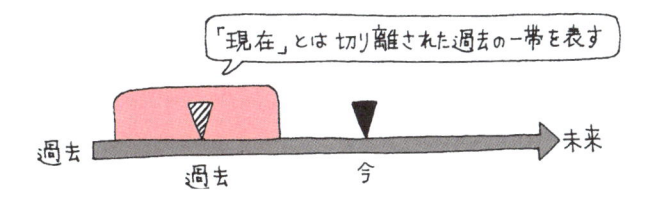

「現在」とは切り離された過去の一帯を表す

過去　　過去　　今　　　　　未来

● 現在形

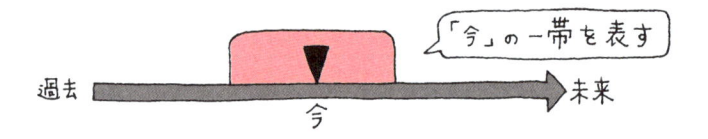

「今」の一帯を表す

過去 ────今──── 未来

> **POINT**
> 現在形は、今の「まわり一帯」を表す。また、「普遍的な事実」を表す。現在形を活用することで、コミュニケーションが生きたものになる。

「動詞まわりのひと工夫」編
現在完了形で「今」を大切にする

現在完了形も「今」に焦点が当たる

　現在完了形は、「現在形」に次いで、「今」に焦点が当たる時制です。「現在完了形」を理解し使いこなすことで、「今」を大切にして英文を組み立てることが可能になり、コミュニケーションが魅力あるものになります。

現在完了形と過去形の違いは？

　現在完了形というのは、日本人にとって理解しにくい時制なのかもしれません。その呼び名である「現在完了形」の「完了」という言葉が、時制の理解を妨げているようにも思えます。
　「現在完了形」で表す動詞の動作は、「完了」していません。**「現在完了形」はむしろ、その動詞が表す動作が「今につながっている」、「今も効果を生み続けている」ことを表します。**

　それに対して、「完了」している時制といえば、「過去形」です。過去形は、「完了している」動作を、「今と切り離して」表すために使います。つまり、「今とは切れていること」、さらには「今はもう関係ないこと」を表します（P136参照）。

　現在完了形は、「過去から今までを一度に表す」時制です。「過去に生じた事柄が、現在まで続いていること」「過去に生じた事柄が、

今も効果を生み出していること」を表し、「過去の出来事を今につなげ、今に焦点を当てて」表す時制です。「現在完了形」と「過去形」を比べてみましょう。

「シンプルな英語が私の人生を変えた」

この日本語からは、次の2つの表現（時制）が考えられます。

Simple English changed my life. 　　　（過去形）
Simple English has changed my life. 　（現在完了形）

現在完了形は、「have + 動詞の過去分詞形（この例ではchanged）」で表します。

過去形を使った Simple English **changed** my life. は、過去の1点を表します。つまり、「今」とは切り離して、事実を淡々と表します。

Simple English changed my life.
シンプル英語に出合った⇒私の人生は変わった（昔の話）

一方、**現在完了形**を使った Simple English **has changed** my life. は、過去の1点から、その後今までずっと効果を発揮し続けていることを表します。

Simple English has changed my life.
シンプル英語に出合った
⇒私の人生は変わり始めた、変わり続けている！ 今も効果を発揮している！！

このように「現在完了形」は、「今」を強調しながら、過去の出来事を表すことができます。つまり、「現在完了形」を使うことによって、「過去」を振り返るのではなく、「今」に焦点を当てた魅力あるコミュニケーションを展開することが可能になります。ぜひ使

ってみてください。

現在完了形の使用例：
I have not eaten lunch.
「お昼ご飯、食べてない（だから早く食べたい、などと今の状況と関係している）」
We have started the lesson.「レッスンを始めた（今も継続的に行っている）」
The company has developed high-speed video cameras.
「その会社は高速ビデオカメラを開発している（過去に開発を開始し、今も開発している）」

比較 過去形

I did not eat lunch.「お昼食べなかった（それが何？）」
We started the lesson.「レッスンを開始した（今のことには触れていない）」
The company developed high-speed video cameras.
「その会社は過去に高速ビデオカメラを開発した（今のことはわからない）」。

> **POINT**
> 現在完了形は、過去に生じたことを「今」につなげて、「今」に焦点を当てて表す。現在完了形は、その呼び名に反して「完了した」行為を表すのではなく、今も効果を発揮している行為を表す。一方、過去形は「今」を切り離して表す。「完了した」動作を表す。現在完了形を正しく理解し、使えるようにしておくことで、「今」とつなげて表すことができ、コミュニケーションの魅力が増す。

ブレイク&スキルアップ
時制は3つでOK
——現在形・現在完了形・過去形を理解する

時制を理解する

　現在形、過去形、現在完了形の3つが使えれば、「3語の英語」の時制は十分です。簡単な例文を使って、この3つの時制の違いを感じてみましょう。

He loves me.
He loved me.
He has loved me.

現在形は「普遍」の事実

He loves me.「彼は私を愛しています」

今この瞬間、過去、未来、などと特定の時間には限られません。彼は普遍的に、私を愛しています。

現在完了形は「完了」していない、過去形は「完了」している

He has loved me.「彼は私を愛しています」

時間軸が見えてきます。ある特定の過去の一点で、彼は私を愛し始めます。そして現在も、彼は私を愛し続けています。この時制の特徴は、「過去から今まで」彼が私を愛してきたことを、「今」に焦点を当てて、表すことです。

「今も昔も！」

He loved me.「彼は私を愛していた」

時間がプツッと途切れてしまいます。それが5年前であろうと、1ヵ月前であろうと、また数時間前であろうと、彼が私を愛していたのは過去のことであって、この愛はすでに終わっています。

「今は違う」

これら3つの時制を理解すれば、時制の勉強はこれで終わり、で大丈夫です。ほとんどすべての内容を、この3つの時制を使って表すことができます。

　また、他の時制が考えられる場合であっても、あえてこの3つの時制だけを使うことで、間違えず平易に、そしてコミュニケーションの相手にもわかりやすく、伝えたい内容を表すことができます（P218参照）。

「動詞まわりのひと工夫」編
微妙なニュアンスを助動詞で伝える方法

助動詞は、動詞を助けるもの!?

「助動詞とは何をするものですか」と聞くと、「動詞を助けるもの」という答えがよく返ってきます。助動詞は、動詞を「助ける」というより、ある意味「動詞の邪魔をしている」という理解もできるのです。動詞の現在形が「事実を言い切って表す」のに対して、**助動詞は、動詞が表す「事実」に「ぼやかしフィルター」をかける**役割を果たします。その「ぼやかしフィルター」には、話し手の「考え」が表されるのです。助動詞の働きを見てみましょう。

He helps me.（彼は私を助けてくれる）

動詞 help が、事実を言い切って表しています。時制のところ（P134 参照）でも伝えた通り、動詞の現在形は「普遍的な事実」を表します。つまり、「彼はいつでも私を助けてくれる」、という普遍的事実を伝えるニュアンスです。

ここに、助動詞を加えてみましょう。

He will help me.
He can help me.
He may help me.

それぞれのニュアンスを、感じてみましょう。

He will help me.
(彼が助けてくれる、と私は考えている)

He can help me.
(彼は私を助けることができる、と思う。つまり、彼は私を助けてくれる可能性がある、と思う)

He may help me.
(彼が助けてくれる…かもしれない)

助動詞 will、can、may が入ることによって、動詞が表す普遍的事実にフィルターがかかっていることがわかります。そして表現が will → can → may と変わるにつれて、「動詞が表す事実が本当に起こるのか」が、徐々に弱く表されています。

つまり、「彼は私を助けてくれる」という普遍的事実に、話し手の「確信」「予測」が加わり、will → can → may と変化するにつれて、その「確信」の度合いが下がっています。

このように、話し手の「考え」を伝えるのが助動詞の役割です。

助動詞が表す「考え」は、文脈によって伝える内容が変わります。

しかし、それぞれ漢字2文字で、代表的な助動詞 can、may、will、must、should の意味を理解することが可能です。その基本の意味が文脈に応じて意味を広げ、さまざまな姿を見せます。例えば can であれば、「可能」→「能力・可能性・許可」というように、文脈に応じて意味が広がります。

can	可能	〜することが可能である 〜が起こる可能性がある **意味の広がり：能力・可能性・許可**
may	許容	〜してもかまわない 〜であってもおかしくない **意味の広がり：許可・可能性**
will	意志	絶対に〜する 〜がまちがいなく起こるだろうと思う **意味の広がり：意志未来・推定・習性**

must	必然	絶対に〜しなければならない 〜でなくてはおかしい **意味の広がり：義務・確信のある推定**
should	推奨	〜したらよい きっと〜だろう **意味の広がり：必然に基づく推量・推奨**

ここで注意をしたいことは、例えば「能力の can」のつもりで助動詞 can を使っても、それが「可能性」の意味と理解される、ということが起こることです。「能力」も「可能性」も結局は同じことを言っていて、便宜上の定義づけとなりますが、「能力の can」「可能性の can」というように分けて考えてしまうと、誤ってしまう場合や、表したいニュアンスとは違うように理解されてしまう場合があるので注意が必要です。

例えば次の文で、確認しておきましょう。

> **能力の can？ 可能性の can？**
> He can help me.（彼は私を助けてくれる）

彼の「能力」を表しているか、または起こりうる「可能性」を表しているか。いずれの解釈でも、この文が伝えている内容の本質は同じことです。しかし、これを「能力の can のつもり」「可能性の can のつもり」というように分けて考えてしまうと、混乱や誤りの原因となってしまいます。

助動詞が伝える「確信」と「義務」

「助動詞」の本質である、①助動詞は「考え」を伝える、②助動詞には核となる意味がある、を理解した上で、助動詞をどのように使えばよいのかについて説明します。

　助動詞が表す「考え」は、「確信」または「義務」の文脈で使うことが多くなります。

したがって、助動詞を正しく使うためには、各助動詞のニュアンスを理解するとともに、各助動詞が表す「確信の強さ」と「義務の強さ」を正しく把握することが大切です。

<「確信の強さ(〜だろう)」を伝える>

He must help me.
He will help me.
He should help me.
He can help me.
He may help me.

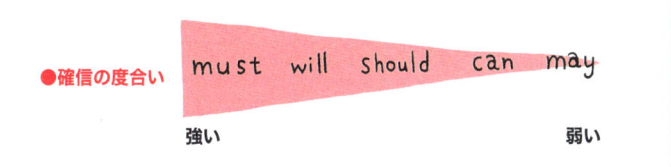

●確信の度合い　must　will　should　can　may

強い　　　　　　　　　　　　　　　　弱い

must:「当然そうだろう」という必然性に基づく確信として表します。
will:「そうである」と信じて疑わない確信として表します。
should: mustと同様に、必然性に基づいた確信を伝えますが、確信の度合いはmustよりも弱くなります。
can: 可能性があるとして表します。
may: 起こるかどうかわからないこととして表します。

<「義務(〜すべきである)」を伝える>

He must help her.
He should help her.

●課す義務　must　　　　　　　　　Should
　　　　　　強い　　　　　　　　　　　　弱い

must：強い義務。「そうすることが適切あるいは当然なのでそうするべき」という必要性や必然性に基づく義務を表します。

should：mustよりもずっと弱い義務を表します。「(道徳的、または状況から考えると)〜であるのが正しい」ということを意味しています。義務の文脈では「〜したほうがよい」といったニュアンスとなります。

●have to、had betterとの比較

「〜するべき」を表すmustとよく比較される表現に、have to (〜しなければならない) があります。また、「〜したらよい」を表すshouldと比較される表現に、had better (〜したほうがよい) があります。これらについても、理解しておくとよいでしょう。

文脈がわかりやすくなるよう、前ページの例文とは主語を変えて説明します。

	ニュアンス
You must help her.	彼女を助けてあげなよ。
You have to help her.	彼女を助けないといけない。
You should help her.	彼女を助けてあげたら。
You had better help her.	彼女を助けてあげないと、困ったことになるよ。

have toは、「状況がそうさせる」という意味を持っています。mustが「考えを表す」という助動詞の性質から、「そうするこ

とが適切あるいは当然なのでそうするべき」といった、必要性や必然性に基づく義務を表す一方で、have toは、「状況から、そのようにしなければならない」という義務を表します。つまり、You have to help her. は、状況の必要性から「助けなくてはいけない」という意味になります。have toの使用は、意図がずれないように注意する必要があります。

　had betterは、「better＝ベター」とあるように、何かと比べて「より良い」というように比較を使った表現です。つまり、「そうしなかった場合に好ましくない結果となる」ということを示唆します。You should help her. が、気持ちの上で「（道徳的、または状況から考えると）〜であるのが正しい」ということに基づくのに対して、had betterは「他の選択肢よりもこちらを選択するべき」ということに基づく、より切迫した状況を表します。またhad betterは、そのような切迫感から命令的な印象も与えるため、目上の人に対して使わないよう注意が必要です。

> **POINT**
> 助動詞は、動詞に「考え」を加える。各助動詞 can、may、will、must、should が表す意味を理解し、助動詞が表す「確信」と「義務」の度合いを理解する。助動詞を活用することで、「考え」を適切に伝え、表現の幅を広げることができる。

「動詞まわりのひと工夫」編

助動詞の過去形は「もしかしたら」を伝える

理解のカギは「仮定法」

　助動詞は「考え」を表すもの、ということをお伝えしました。助動詞に関して、あと一歩踏み込んで理解しておくとよいのは、「助動詞の過去形」です。

　助動詞の過去形とは、will の過去形 would、can の過去形 could、may の過去形 might がその代表例です。

　助動詞の過去形といえば、「丁寧を表す」「控えめな表現」などと習ったことがある方もいるでしょう。**助動詞の過去形はなぜ「丁寧」を表すのでしょう。なぜ助動詞の過去形を使うと「控えめ」な表現になるのでしょう。**その鍵は、助動詞の過去形のもとになる、「仮定法」という文法事項にあります。

　「仮定法」は、「もし〜だったら〜であっただろう」という「仮定」を表します。ここで取りあげる「仮定法」とは、厳密には「仮定法過去」という呼び方をし、if 節の中に過去形を使って「現実とは異なる仮定」を表す文法事項です。例えば、次のような文脈です。

「もし私があなただったら、会社を辞めると思う」
　If I were you, I would leave the company.
＊仮定法過去でif節にbe動詞を使う場合、過去形は主語に関係なくwereとなります。

そして仮定法は、「私があなただったら」という現実にはあり得ない仮定のみならず、十分にあり得る、例えば次のような状況にも使います。

「もし給料がこのまま上がらなかったら…」
If the salary remained the same, I would leave the company.
「もし今年会社の業績が悪ければ…」
If the company underperformed this year,
I would leave the company.　　　＊ underperform = 業績が悪くなる

そしてさらには、この「もし〜だったら」という節（if 節）を削除しても、助動詞の過去形が仮定法のニュアンスを残します。

I would leave the company.（会社を辞めると思う。もし〜だったら）

このように「助動詞の過去形」は、仮定法のニュアンスを残したまま、単体（単文）で使ったもの、つまり仮定法による文の If I were you, といった条件節を削除したもの、と考えることができます。

理解が進んだところで、助動詞の過去形を使った文と、通常の助動詞を使った文を読み比べてみましょう。

比較 助動詞の過去形と比べる

I will leave the company.（会社を辞めます）
I would leave the company.（もし〜だったとしたら、会社を辞めます）

通常の助動詞と比べると、助動詞の過去形を使ったほうは仮定法のニュアンスにより意味が変わっていることがわかるでしょう。い

くつかの別の助動詞の場合も、見ておきましょう。

I may leave the company.（会社を辞めるかもしれない）
I might leave the company.
　　　　　　　　　((もし〜だったとしたら、）会社を辞めるかもしれない)

I can leave the company.（会社を辞めることができる）
I could leave the company.
　　　　　　　((もし〜だったとしたら、）会社を辞めることだってできる)

＊なお、助動詞の過去形couldは、助動詞の過去形の中で、唯一、過去の意味も表すことができるものです。つまり、I could leave the company.は「私は会社を辞めることができた」という過去の意味にも「会社を辞めることだってできる。(もし〜だったとしたら)」という仮定法の意味にも理解できます。この2つの意味の混乱を避けるため、couldの使用には、特に注意が必要です（P158参照）。

このように助動詞の過去形は、「仮定法」のニュアンスを残し、もとの助動詞と比較して、それよりも低い可能性、または現状とは条件が異なる場合の仮定の話を伝えます。つまり、would、might、couldは、それぞれwill、may、canよりも低い可能性や、条件が異なる場合の仮定の話を伝えます。

「ひょっとすると」という仮定による丁寧・控えめ表現

「仮定法」の理解により、助動詞の過去形が「丁寧」「控えめ」を表すといわれる理由が見えてきます。

文脈を変えて例文を見てみましょう。疑問文です。

Will you email me later?（後で、メールしてね）

Can you email me later?（後で、メールできる？）

＊なお、助動詞の違い（P144参照）により、Will you ...?とCan you ...?は異なる意味を表します。助動詞willは「意志（強い意志）」を表しますので、Will you ...?のほうは、「後で、メールしてね」というように強く響きます。一方助動詞canは、「可能」を表しますので、「できる？」や「してくれる？」というニュアンスです。

それぞれの助動詞を、過去形（仮定法の形）に変えてみましょう。

Would you email me later?（後で、メールしてくれますか？ もし可能なら）
Could you email me later?（後で、メールしてくれますか？ もしできたら）

　このように「ひょっとして〜ならば」という意味を仮定法により加えることで、「〜してくれる？」といった疑問文では、助動詞の過去形は婉曲的な表現となります。これが、助動詞過去形が「丁寧」「控えめ」といわれる理由です。

> **POINT**
> 助動詞の過去形は、仮定法のニュアンスを残す。つまり「ひょっとして〜だったら」という条件が隠れている。助動詞過去形のwould、could、might はそれぞれ will、can、may よりも表す可能性が下がり、また現実とは異なる仮定の話として伝わる。疑問文で would、could を使うと、相手への「ひょっとして可能であれば」という配慮により、丁寧・控えめに響く。

ブレイク&スキルアップ

will と would を理解する
「ひょっとして、結婚していただけますか」

助動詞 will は「強い意志」

Will you marry me?
（結婚してください）

Will you marry me?

　プロポーズの代表的な表現であるこのフレーズは、相手に対して、Yes! を期待しています。

「結婚してくれるね」　Will you marry me?
「はい」　　　　　　Yes.

という状況を表します。

　ここには、「強い意志を表す」will を使います。例えば別の助動詞である can を使うと、おかしなニュアンスになります。

Can you marry me? (私と結婚すること、できる?)

過去形 would は「ひょっとして」
　一方、この will を、助動詞の過去形を使って表現してみるとすれば、どのようなニュアンスになるでしょう?

Would you marry me?

「ひょっとして、結婚してくれる?」

仮定法らしく日本語にすると、次のようになります。

「ひょっとして、条件が許せば、結婚してくれる?」

「控えめ」なプロポーズ、となるでしょうか。

　この Would you ...? を使った「控えめ」なプロポーズは、果たして効果的なのでしょうか。はっきりと、Will you marry me? (結婚してくれるね)、と表現したほうが、Yes! という返事がくる可能性は高まるようにも思えます。

　助動詞 will の力強さ、そして助動詞の過去形 (would) を使った場合のニュアンスを感じていただけたでしょうか。

「3語に情報を足していく」編
副詞を活用すれば、「3語の英語」が生きる

そもそも副詞とは？

　ここからは、「3語の英語」に情報を足していく方法を伝えます。まずは「副詞」です。「副詞」とは、「名詞以外を修飾するもの」です。大ざっぱな定義ですが、ここでは「動詞」を修飾する方法、また「文全体」を修飾する方法を見ていきます。

　ここでは特に、「-ly」という形の副詞を扱います。例えば、quickly（素早く）、actively（活発に）、interestingly（興味深く）、surprisingly（驚くことに）などです。

＊品詞の定義を確認：形容詞と副詞

　「形容詞」は「名詞」を修飾するものです。例えば形容詞であるquick（素早い）は a quick response（素早い応答）のように、名詞 response を修飾します。一方で、「副詞」は「名詞以外」を修飾しますので、例えば quickly respond to your request（あなたのリクエストに素早く応答する）などと、動詞を修飾することができます。または、Quickly, he responded to your request.（彼は、あなたのリクエストに素早く応答した）のように、文全体を修飾することもできます。

副詞で「動詞」を修飾する

　副詞を使って動詞を修飾することができます。試してみましょう。

副詞を使わない「3語の英語」から例文を見てください。

「彼は、私の質問に答えた」

⬇⬇⬇

He answered my question.

ここに、副詞 quickly を足してみます。

He answered my question <u>quickly</u>.（彼は私の質問に、<u>素早く</u>答えた）

たった1語の追加で、「素早く」という情報を足すことができます。つまり、動詞部分に情報を加えることができます。

副詞の位置ですが、「修飾するものの近くにおく」のが、誤解が生じない副詞の使い方です。つまり、例のように文末におくほかに、修飾する動詞の前におくことも可能です。

He <u>quickly</u> answered my question.

このように、動詞の前に副詞をおくことができれば、より明確に動詞を修飾することができます。

もう一例、練習します。

「私たちは、テーマについて、話し合います」

⬇⬇⬇

We will discuss the theme.

副詞を加えます。

We will actively discuss the theme.
（私たちは、テーマについて積極的に話し合う）

副詞を加えることで、表現の幅が広がり、動詞に情報を加えることが可能になります。

副詞で文全体を修飾する

次に、副詞を使って文全体を修飾します。先に、副詞とは「名詞以外を修飾するもの」としました。文頭に副詞をおけば「文全体」を修飾することができます。

ここでは、「文全体を修飾する副詞」を使って、ありがちな「長い文」を「3語の英語」へと変える方法を伝えます。

「シンプルな英語で人生を変えることができるということを知るのは、興味深いことです」

ありがちな英語表現：
It is interesting to know that simple English can change your life.（×複雑）

文全体を修飾する副詞を使って、英文を組み立て直します。

⬇⬇⬇

Interestingly, simple English can change your life.
（興味深いことに、シンプルな英語で人生を変えることができる）

メッセージが伝わりやすくなりました。

もう一例、練習してみましょう。

「驚いたことに、彼は部長の提案を断った」

ありがちな英語表現：
It is surprising that he refused the manager's proposal.
(×複雑)

ありがちな It is...that 構文を、副詞を使って簡単にしましょう。

⬇⬇⬇

Surprisingly, he refused the manager's proposal.

このように「副詞」を活用することで、「3語の英語」の原則を守りながら、情報を足していくことができます。ぜひトライしてください。

> **POINT**
> 「副詞」とは、名詞以外を修飾するもの。「動詞」または「文全体」を修飾する副詞をうまく使うことで、「3語の英語」を最大限に生かしながら情報を足すことができる。

ブレイク&スキルアップ
便利な副詞 successfully で「できた」を表す

便利な副詞 successfully（成功裏に）を紹介します。副詞 successfully の活用によって、助動詞過去形 could の使用を避けて、「successfully + did」で「成功したこと」を表せます。

「彼は、大学入試に合格することができた」を英語で表現してみましょう。

「彼は、大学入試に合格することができた」
　ありがちな英語①＜could を使って表す＞

✗ He could pass the university entrance examination.
…不明瞭

(彼は、大学入試に合格することができただろうに)

「助動詞の過去形」の項目で、助動詞の過去形は、仮定法の「ひょっとして～すれば」のニュアンスを残すとお伝えしました。(P150参照)。ここで could を使ってしまうと、実際に「彼が大学入試に合格した」のか、または「もう少しがんばって勉強していたら、合格したはずなのに」といった意味なのかがわからなくなってしまいます。

ありがちな英語②＜動詞 succeed ＋ …ing を使う＞
△ He succeeded in passing the university entrance examination. …複雑

「成功する」を表す動詞 succeed を使おう、と考える人もいるかもしれません。しかし、この動詞を使って「～することに成功する」と表現するためには、succeed in …ing と表現する必要があります。動詞の部分が複雑になってしまうとともに、誤りが増えがちな表現でもあります。

そこで、副詞 successfully の出番です。

⬇⬇⬇

He successfully passed the university entrance examination. (彼は、大学入試に合格することができた)

「大学入試に受かった (pass)」という事実に焦点が当たり、明快かつシンプルに表現できました。便利な副詞 successfully で、「3語の英語」を最大限に生かしながら、「成功したこと」を表すことができます。

「3語に情報を足していく」編

前置詞を使って、関係を「見える化」する

前置詞のニュアンスをつかもう

前置詞についても理解を深めておくことが大切です。前置詞は、「名詞」と他の語との関係を表します。うまく使えば、名詞と他の語との関係を視覚的に「見せる」ことができて便利です。

前置詞を使って、「3語の英語」に情報を足していくことができます。例を見てみましょう。

「私たちは、テーマについて話し合う」
We will discuss the theme.

「次回のミーティング（the next meeting）」という情報を、前置詞を使って加えてみましょう。

＜前置詞は「関係」を表す＞

We will discuss the theme **at** the next meeting.
（次回のミーティングでテーマについて話し合う）
We will discuss the theme **during** the next meeting.
（次回のミーティングの際にテーマについて話し合う）
We will discuss the theme **in** the next meeting (November 11 to 13).
（次回のミーティング（11月11日から13日開催）において、テーマについて話し合う）

> We will discuss the theme **for** the next meeting.
> （次回のミーティング用のテーマについて話し合う）
> We will discuss the theme **of** the next meeting.
> （次回のミーティングのテーマについて話し合う）
> We will discuss the theme **on** education at the next meeting.
> （次回のミーティングで、「教育」に関するテーマについて話し合う）

　このように前置詞一つで、theme と next meeting との関係が変わってきます。

　at は「ポイント」を表し、「ミーティング<u>で</u>」という意味になります。

　during を使うと、「期間」のニュアンスが出てきます。「ミーティングの<u>間に</u>」「ミーティングの<u>際に</u>」という意味になります。

　in は「広い場所や長い期間の<u>中で</u>」という意味です。「ミーティング」がある程度の長さを持って開催される、ということが示されます。

　for は「方向性」を表します。「ミーティング<u>用の</u>」という意味になります。

　of は「所属」や「所有」といった関係を広く表します。今回は「ミーティング<u>の</u>テーマ」という意味になります。

　on は基本的に「接触」を表します。何かに直接くっつき、関連している、という意味になります。the theme on education（教育<u>についての</u>テーマ）という意味になります。ここでは education（教育）という単語を追加しました。

前置詞のイメージを絵でつかむ

　各前置詞には、それぞれ核となるイメージがあります。文脈に応じて、その核となるイメージから意味が広がっていきます。
「3語の英語」に意味を加えるために、理解しておきたい前置詞をここで取りあげます。

< at, in, on >

基本の意味

at	in	on
一点、シャープな「ポイント」を示す	広い場所や立体の中、長い期間の中	接触、「押しつけられている感じ」

He met her at Kyoto terminal. （彼は京都駅で彼女と会った）
He first met her in Kyoto. （彼は京都ではじめて彼女と会った）
He met her on the train to Kyoto.
（彼は京都へ行く電車の中で偶然彼女に会った）

at を使って、「京都駅」という地点を表します。in は「京都」という広い場所を表します。on は「電車（の床）」との「接触」に着目しています。

< from, to, for >

from：起点

to：方向と到達点

for：到達点に向かう方向（到達点は含まない）

I brought a gift from my hometown. （地元からの贈り物を持ってきました）
I sent a gift to you. （あなたに贈り物を送りました）
I have a gift for you. （あなたに贈り物があります）

fromを使って、贈り物の「起点」を表しています。toを使って、「あなたに向けて送った」こと、そしてそれが「あなたに到達すること」を表しています。forは「到達するかどうかはわからないけれど（つまり、あなたが受け取ってくれるかどうかはわからないけれど）、あなたに向けてプレゼントがある」ことを表します。なお、I have a gift for you. の代わりに、I have a gift to you. と表現することも可能です。その場合、「あなたに贈り物があるの、（必ず）受け取ってね」というニュアンスになります。

< during >

期間中ずっと、または一部

He studied English during the day. 　（彼は日中、英語を勉強していた）

duringはある期間中「ずっと」という意味と、「その期間の一部」という意味の両方で使います。

< over, under, above, below >
over：上にある「面」のイメージ
接触している場合も含む可能性がある

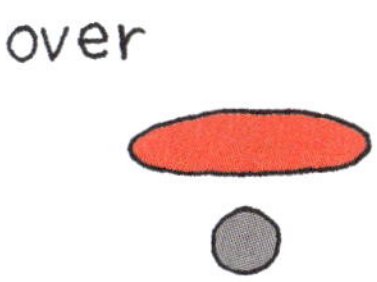

under：下にある「面」のイメージ
接触している場合も含む可能性がある

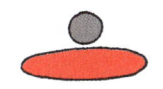

**above：基準よりも上の
　　　　「点」のイメージ**

**below：基準よりも下の
　　　　「点」のイメージ**

She placed a blanket over the sleeping girl.
（彼女は眠っている女の子に毛布を掛けた）
She placed her bag under the seat.
（彼女は椅子の下にカバンをおいた）
She placed her bag into the shelf above her head.
（彼女は頭上の棚にカバンを入れた）
She had a scar just below the left eye.
（彼女は左目のすぐ下に傷があった）

　over と under はそれぞれ「上」「下」に存在する「面」のイメージとなります。一方の above と below は、何かを基準にして「上」「下」にある「点」のイメージです。

< across, through >
across：端から端まで、両端

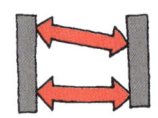

through：通っていく

The two ladies faced each other across the table.
(その2人の女性は向かい合ってテーブルに座っていた)
They walked through the shopping mall. （彼らは商店街を歩いた）

across は「端から端まで」や「両端」という意味となり、「テーブルを挟んで」「テーブルに向かい合って」の意味となります。through は「通り抜けること」を表します。

< between, among >

between
個々の間

among
複数の中

between

among

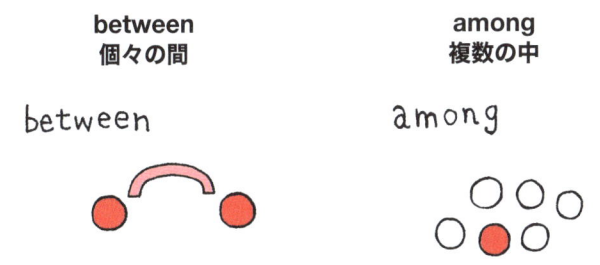

This will change the relationship between you and me.
(このことが私とあなたの関係を変える)
He won the prize. He was among the six winners this year.
(彼は今年の6人の受賞者の1人となった)

between は「個々の間」を表し、among は複数のものの中にあることを表します。between では関係を表す「個々」が際立ちます。among は個々に焦点が当たりません。

< before, after >

before：〜の前に　　　**after：〜の後に**

before ←　　　after →

I will complete my homework before Friday.
（金曜日になる前に宿題を終える）
I will complete my homework after Friday.
（金曜日よりも後に宿題を終える）

< until, by >

until：〜まで（ずっと）

by：〜までに（期限）

He studied English until the next morning.
（次の日の朝まで彼は英語を勉強していた）
He must complete his English homework by the next morning.　（次の日の朝までに彼は英語の宿題を終えなければならない）

< in front of, behind >

in front of：〜の前に　　**behind：〜の後ろに**

I will meet you in front of the cafe.　（カフェの前で会いましょう）
I will meet you behind the cafe.　（カフェの裏で会いましょう）

< of >

所属や所有・属性など広範囲にわたる
関係（もとの意味は「〜から分離して」）

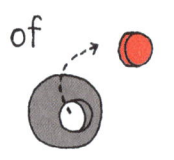

I used a spoonful of sugar in my tea.
（砂糖をスプーン1杯、紅茶に入れた）

sugar から a spoonful（1 杯分）を
取り出したイメージ。

< by, with >
by：「手段」または「動作主」を表す。
もとの意味は「そばに」

with：「持っている」「使っている」を表す。
もとの意味は「一緒に」

I visited my friend by car.　　　　　　　　　（車で友人を訪ねた）
I assembled the plastic model with a screwdriver.
　　　　　　　　　　　　（ねじ回しを使ってプラモデルを組み立てた）

by の後ろに「交通手段」である car（車）をおいています。car を「1 台の車」ではなく「交通手段としての車」として表すため、冠詞 a が取れて無冠詞になっています。with は人が使う「モノ・道具」に使います。a screwdriver は人が使うモノ（道具）なので、with a screwdriver となり、by screwdriver や by a screwdriver とは表せません。

> **POINT**
> 前置詞は、名詞と他の語との関係を表すもの。うまく使うことで、関係を視覚的に「見せる」ことができる。各前置詞のイメージをとらえ、さらにはそれぞれの意味の広がりにも着目するとよい。

ブレイク&スキルアップ

英語と日本語の違い
——名詞と前置詞で「頭の中」が透けて見える

英語の「名詞」は多くの情報を伝える

英語というのは、基本的に日本語よりも情報を具体的に伝える言葉です。例えば「私は友達と沖縄に行った」というとき、日本語ではこれで完成した表現です。しかし英語の場合、次の2つが考えられます。

I went to Okinawa with my friend.（1人の友達と）
I went to Okinawa with my friends.（複数の友達と）

続けて「その友達が、首里城に行きたいと言った」という場合、日本語では単に「その友達」と表現できます。しかし英語ではその時点で、「友達」の数だけでなく、性別までも言わなくてはいけません。

つまり、The friend(s) said the friend(s) wanted to visit Shuri-jo Castle. というように friend を使い続けるのは不自然です。例えば次のいずれかのように表現しなくてはいけません。

She said she wanted to visit Shuri-jo Castle.
（友達は1人、女性）

He said he wanted to visit Shuri-jo Castle.
（友達は1人、男性）

One of my friends said she wanted to visit Shuri-jo Castle.
（複数の友達のうちの1人、女性）

One of my friends said he wanted to visit Shuri-jo Castle.
（複数の友達のうちの1人、男性）

They said they wanted to visit Shuri-jo Castle.
（複数の友達みんなが行きたがった）

このように英語は、「名詞」に関して数（単数か複数か）だけでなく、人の性別といった具体的な情報までを伝える必要があります。つまり英語は「頭の中」に何を描いているかがわかってしまう言葉です。

「前置詞」でも「頭の中」がわかる

「頭の中」に何を描いているかがわかる項目がもう1つあります。「前置詞」です。表現を比べてみましょう。

英文の場面は学校です。授業の開始時に、先生が「今日は教科書の10ページです」と言っている状況です。

異なる前置詞 from と at を使った場合を、比較してみましょう。

＜比較しましょう＞

Let's begin from page 10 today.

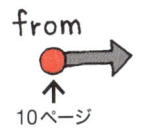

from
↑
10ページ

Let's begin at page 10 today.

at
↑
10ページ

ここでは、この先生が今日の授業で「どのくらい進むつもりか」が見えてきます。

Let's begin from page 10 today. のほうは、10ページから始めてどんどん先へ進むつもりだ、ということがわかります。

一方、Let's begin at page 10 today. のほうは、先へ進むことは示唆しておらず、10ページをじっくり勉強するのかもしれない、と予測することができます。

from は「起点」を表すためです。

from

一方、at は「ポイント」を指します。

at

　このように、英語の「前置詞」は、たった1語で、話し手や書き手が何を考えているかという詳細な情報が伝わる魅力的な品詞です。

　英語の「名詞」と「前置詞」を、正しく、そして効果的に使いこなすことで明快なコミュニケーションが可能になるでしょう。

「3語に情報を足していく」編
名詞に情報を加える「分詞」と「関係代名詞」

ポイントをおさえれば簡単！

「名詞」に情報を加えたい場合に使うことができる2つの文法項目を紹介します。「分詞」と「関係代名詞」です。「ミーティング(meeting)」という名詞に対して、「分詞」と「関係代名詞」を使って「1月に開催される」という情報を加えてみます。

<分詞>
We now discuss the theme for the next meeting held in January.
<関係代名詞>
We now discuss the theme for the next meeting that will be held in January.

（1月に開催される次回のミーティングのテーマについて今話し合う）

「分詞」や「関係代名詞」と聞くと、文法は苦手と感じる方もいらっしゃるかもしれません。しかし、恐れることはありません。これらを単に、「名詞に情報を加えるもの」として理解しましょう。

また、「分詞」や「関係代名詞」と聞くと、「後ろから前に説明がかかる」というように考える人が多いようです。次のようにです。

⚠️ **後ろから前へかかると理解する？**

the next meeting held in January
the next meeting that will be held in January

この理解は誤っていないのですが、「後ろから前へ」というとらえ方をしていると、英文を組み立てることが難しくなってしまうことがあります。

　英語は基本的に、前から前から文を理解します。「前からどんどん情報を出していく」と考えることが大切です。「分詞」や「関係代名詞」も、後戻りすることなしに前から後ろへどんどん情報を足す、と理解して使えば、それほど難しいものではありません。次のように理解しましょう。

◎前から後ろへと理解する

the next meeting held in January

the next meeting that will be held in January

　そして、一度に理解できる範囲の長さに区切りながら、前から前から、英語を理解しながら組み立てます。次のように行います。

We now discuss the theme	テーマについて話し合う
for the next meeting	次回のミーティングの
held in January.	それは1月に開催

We now discuss the theme	テーマについて話し合う
for the next meeting	次回のミーティングの
that will be held in January.	それは1月に開催予定

　このように「分詞」と「関係代名詞」を前から理解すれば、「3語の英語」に情報を加えることが楽になるでしょう。

分詞と関係代名詞のそれぞれの利点

次に、分詞と関係代名詞の違いについて考えてみましょう。情報を加えるためにどちらを使えばよいのか、またそれぞれの利点は何かについても知っておくと便利です。

「分詞」を使うべきか「関係代名詞」を使うべきか

「どのくらいの量（長さ）の情報を入れたいか」に応じて決めるとよい。

加える情報が短い場合には「分詞」、長い場合には「関係代名詞」を使えば、わかりやすく説明できる。

「分詞」と「関係代名詞」のそれぞれの利点

＜分詞の利点＞

短く、誤りが起こりにくい。現在分詞・過去分詞の別（P174参照）により、名詞を「能動的」または「受動的」に説明する。

＜関係代名詞の利点＞

「能動的」または「受動的」な説明について、さらに「時制」も表すことができる。また、説明の前に「ひと息」おけるため、長い説明であっても加えることが可能。

分詞と関係代名詞を見比べ、違いを確認しましょう。

the next meeting held in January　　　　　（分詞）
the next meeting that will be held in January（関係代名詞）

「分詞」の利点は、コンパクトに情報を加えることができる点です。

説明部分の held in January が、直前の the next meeting に直接かかり、簡潔に伝えることができます。

一方、関係代名詞のほうは、that will be held というように、「動詞」が出ていることがわかります。「関係代名詞」の利点は、通常の文と同じような「動詞（be held）」を使って、丁寧に情報を加えることができる点です。
「動詞」が登場しますので、「時制」も同時に登場します（P134、139参照）。上の例のように助動詞 will を使うことや、また現在形や過去形など、時制を明示することができます。
また関係代名詞を使う場合、文を理解する人は、関係代名詞の前、つまり that の前で、ひと息つくことができます。ひと息つけるため、文が多少長くなっても問題ありません。

分詞と関係代名詞の決まりごとも理解し、基本的な使い方を習得しましょう。

分詞のルール──現在分詞（能動の意味、…ing）と過去分詞（受動の意味、…ed）

分詞には、「現在分詞」と「過去分詞」があります。名詞の直前や直後におき、名詞に情報を加えます。
現在分詞は、動詞に ing をつけた形で、「～する」「～している」のように**能動的な意味**を表します。過去分詞は、動詞に ed をつけた形（規則変化の場合）で、「～された」「～されている」のように**受動的な意味**を表します。例文を使って理解しましょう。

＜現在分詞：…ing, 能動的＞
We now discuss key themes　重要テーマについて話し合う
　including branding and leadership.
　　　　　　　　　　　　ブランディングとリーダーシップを含む（テーマを）

＜過去分詞：…ed, 受動的＞
We now discuss key themes　重要テーマについて話し合う
　proposed by the council.　委員会により提案された（テーマを）

関係代名詞のルール
──2文を「関係」づける「代名詞」

次に、関係代名詞を使って、同じ例文の内容を表してみます。

We now discuss key themes　重要テーマについて話し合う
　that（またはwhich）include branding and leadership.
　　　　　　　　　ブランディングとリーダーシップを含む（テーマを）

We now discuss key themes　重要テーマについて話し合う
　that（またはwhich）have been proposed by the council.
　　　　　　　　　　　　　　　委員会により提案された（テーマを）

分詞に比べ、関係代名詞は動詞部分を詳細に表現し、時制も表すことができます。例えばthat（またはwhich）have been proposedのように、現在完了形を使うことも可能です（時制についてはP134、139参照）。

関係代名詞をしっかりと理解するために、これらの文の「成り立ち」も理解しておくとよいでしょう。関係代名詞とは、その名の通り、**2文を「関係」づける「代名詞」**と考えることができます。つまり、次の2文をつないだものとなります。

1文目…We will discuss key <u>themes</u>.

2文目…<u>The themes</u> include branding and leadership. または

<u>The themes</u> have been proposed by the council.

＊2文目の下線部分を、関係代名詞（関係づける代名詞）であるwhichまたはthatに置き換える。

上の例文の下線の部分が、2文が共通する箇所です。2文目の共通部分を、関係代名詞 that（または which）に置き換えると、関係代名詞を使った文が完成します。

We will discuss key <u>themes</u>

　　<u>that</u> include branding and leadership.

2文目の The themes を、関係代名詞 that（または which）に置き換えます。

We will discuss key <u>themes</u>

　　<u>that</u> have been proposed by the council.

2文目の The themes を、関係代名詞 that（または which）に置き換えます。

ポイントは、共通する部分（説明したい名詞）を関係代名詞に置き換えるだけという点です。それ以外は**「文中に何も足さない、何も引かない」**ということが正しく使うポイントとなります。

関係代名詞の種類

最後に関係代名詞の種類を確認しておきます。使える関係代名詞の種類は、次ページの表のようになります。説明を加える名詞が「人」の場合と「人以外」の場合によって変わります。

●使える関係代名詞の種類（限定用法の場合）

	主格	所有格	目的格
人	who か that	whose	whom か that
人以外	which か that	whose	which か that

*この表の関係代名詞は、限定用法で使う場合のものです。限定用法と非限定用法の違いについては、P178で説明します。

先の例では「主格」の関係代名詞を示しましたが、関係代名詞で置き換える部分が2つ目の文の「主語」か「所有」か「目的語」を表すかによって、「主格」「所有格」「目的格」の関係代名詞として区別されます。例を見て確認しておきましょう。

<主格の関係代名詞>
We will discuss key <u>themes that</u> have been proposed by the council.
　　　　　　　（委員会により提案された重要テーマについて話し合う）

*<u>The themes</u> have been proposed by the council.の主語、the themesを関係代名詞that（またはwhich）で置き換えている

<所有格の関係代名詞>
We will discuss key <u>themes whose</u> details have been described by the council.
　　　　　（委員会によりその詳細が説明された重要テーマについて話し合う）

*<u>Their</u> details have been described by the council.の所有を表す語、theirを関係代名詞whoseで置き換えている

<目的格の関係代名詞>
We will discuss key <u>themes that</u> the council has proposed.
　　　　　　　（委員会により提案された重要テーマについて話し合う）

*The council has proposed <u>the themes</u>.の目的語、the themesを関係代名詞that（またはwhich）で置き換えている

💡 POINT
名詞に情報を加えるには「分詞」か「関係代名詞」。短い説明には「分詞」、長い説明には「関係代名詞」を使うとよい。分詞は、能動的な意味の「現在分詞」（…ing）と受動的な意味の「過去分詞」（…ed）があることを理解する。関係代名詞は、2文を「関係」づける「代名詞」であることを理解する。

「3語に情報を足していく」編

関係代名詞の「非限定」、その2つの利点

違いは何？ ──「限定」は必須の説明、「非限定」は追加の説明

　関係代名詞が難しく見える原因として、「限定用法」「非限定用法」という文法事項があげられるかもしれません（本書では「限定」と「非限定」と呼ぶことにします）。形の上では、「コンマがあるかないか」を区別しますが、伝える意味が異なります。「限定って何？」「非限定って何？」という疑問を解決します。

I study subjects that（またはwhich）interest me.（関係代名詞の限定）
I study the subjects, which interest me.　　　（関係代名詞の非限定）

　これらの間には、どのような意味の違いがあるのでしょう？　形の上では、「コンマを使うかどうか」という点です。しかし、これらの2文が表す状況は、大きく異なっています。

　「限定」のほうは、関係代名詞で加えた説明が文にとって**「必須の説明」**です。つまり、それを削除すれば文意が成り立ちません。
　「非限定」のほうは、関係代名詞で加えた説明が文にとって**「追加の説明」**です。追加の説明とは、それを削除しても英文が成り立つ情報です。また、「追加の説明」を削除した文が、その文が伝えたい内容となります。
　つまり、上の2文は次の意味を表します。

> 私は、面白いと思う教科を選択して勉強している。
> （関係代名詞の限定）
>
> 私は特定の教科を勉強している。そしてそれらは面白い。
> （関係代名詞の非限定）

「限定」のほうは、他にもいろいろ教科がある中で、興味のあるものを選んで、勉強している、ということが表されます。

一方「非限定」のほうは、「特定の教科を勉強している」ことが伝えたい内容として示されています。ここで指している教科以外は、話題にはあがっていません。また「それらは面白い」という情報は、「ちなみに」という程度の追加の情報となっています。

限定・非限定に使う関係代名詞の種類

関係代名詞の限定と非限定の違いの説明を終えたところで、次に、「非限定」と「限定」に使う関係代名詞の種類について説明します。

●非限定に使える関係代名詞

	主格	所有格	目的格
人	who	whose	whom
人以外	which	whose	which

P177の限定の関係代名詞と比べると、非限定ではthatが使えなくなっていることがわかります。不要なwhichとthatの混在を避けるために、非限定にはwhich/who/whom、限定にはthat、というようにはっきりと使い分けるという方法もあります。それはテクニカルライティングの方法です。具体的には、次のように使い分けます。

限定にthat、非限定にwhichとして使い分ける方法
I study subjects that interest me.　　（関係代名詞の限定）
I study the subjects, which interest me.　（関係代名詞の非限定）

便利な関係代名詞・非限定

　関係代名詞の限定と非限定の違いの説明を終えたところで、「非限定」をさらに説明します。

　関係代名詞の非限定「, (コンマ) which」は、「ちなみに」という情報を加えます。この表現には次の利点があり、便利に使えることがあります。

＜利点1：理由を「ゆるく」表すのに便利＞
＜利点2：「ついで」の情報をゆっくり加えるのに便利＞

　主格の関係代名詞を使って、非限定の利点を感じてみましょう。「～であるために～である」というような、becauseを使って表したくなる部分に関係代名詞の非限定が使えます。なお、口頭で話しているときには、非限定のコンマの部分には「少しの間」を空ければよいでしょう。

利点1：理由を「ゆるく」表すのに便利

「私は英語を勉強しています。なぜなら英語は国際語だからです」

△ I study English **because** English is an international language.

　問題点：国際語だからといって、英語を勉強する確実な理由になるかどうかはわかりません。英語のbecauseは因果関係が強いため、この種の日本語の論理の「飛び」で違和感が生じることがあり

ます。

ここで、関係代名詞・非限定の登場です。

I study English. English is an international language. という2文を、接続詞 because ではなく、関係代名詞・非限定を使ってつないでみましょう。

先に説明した通り、共通部分である2文目の English を、これら2つの文を関係づける代名詞である which でつなぎます。非限定の形である「, (コンマ) which」を選びます。関係代名詞の非限定は、because を使いたくなるような因果関係を、ゆるく自然に表すことができます。

I study English, which is an international language.
(私は英語を勉強しています。英語は国際語ですから)

これで因果関係を「ゆるく自然に」表すことができます。

利点2:「ついで」の情報をゆっくり加えるのに便利

「彼の部屋に入ったら、部屋が散らかっていた」

⚠ I entered his room, and found that his room was messy.
問題点:文が複雑。

さて、関係代名詞・非限定の登場です。

I entered his room, which was messy.

which の前で、ゆっくりと呼吸をおいて、発音してみてください。関係代名詞の非限定を使うと、コンマの前が「メインの情報」、コンマ以下の部分、つまり「, which was messy」の部分は文の「サブの情報」となります。メインの情報を「3語の英語」で組み立て

ておけば、「3語の英語」の伝わりやすさを保持しながら、サブの情報（補足説明）を追加していくことが可能になります。

　関係代名詞の非限定をうまく使いこなすことができれば、短い単語数で、無理なく内容を伝えることができます。「3語の英語」に情報を加える応用編として、ぜひトライしてください。

> **POINT**
> 関係代名詞の限定と非限定を理解する。限定（thatやwhichでコンマなし）は「必須」の説明。非限定「,（コンマ）which」は「追加」の説明。非限定を使いこなして「理由をゆるく伝える」「ついでの情報を足す」ことで、「3語の英語」を強化できる。

ブレイク&スキルアップ
円滑なコミュニケーションに3つの相づち
Great! Interesting! Yes!

　英語で対面コミュニケーションを取るとき、相手に対してどのように応答すればよいか、困ることはありませんか。日本語の場合、「うんうん」や「はい」、「ふーん」などと、自然に「相づち」をしていることでしょう。この「相づち」を英語でも同様にできれば、相手との距離はぐっと近くなります。

　しかし、英語の「うんうん」や「ふーん」にあたる Ah-Hah!（アーハッ）や Uh-Huh!（ウーフッ）というような「相づち」を使うのは気恥ずかしい、という人もいるのではないでしょうか。

　また、Ah-Hah! は難しいけれど、学校で習った Really?（ホント？）を使ってみようという人は多くいるかもしれません。しかし

このReally? は、R（アール）の発音が結構難しく、その結果「りアリィ？」とまさに「カタカナ語発音」になってしまいがちです。

Ah-Hah!（アーハッ）やUh-Huh!（ウーフッ）やReally?（りアリィ？）がうまく使えず悩んでいる人、また英語で相づちを打ちたいと思っている日本人にぴったりおすすめなのが、次の3つです。

Great!
Interesting!
Yes!

最もおすすめなのはGreat!、次に随所で使ってもよいのがInteresting! です。それらが難しいと感じる方は、単にYes! を活用しましょう。

Yes! → Great! → Interesting! の順に、説明します。

相づち1【Yes!】：日本語でいうところの「うん」「うん」

相手：XXXXX....　　YYYYY....　　ZZZZZ....
　　　　↑　　　　　　↑　　　　　　↑
あなた：Yes...（うん）　Yes...（うん）　Yes...（うん）

これで、「話を聞いているよ」ということのサインになります。最も簡単で、誰にでもできる「相づち」です。このYes...（うん）は、基本的には短く"Yes"と発音すれば、簡単でよいでしょう。また、「へっそうなの？」というように、会話の中で疑問がわいたところや驚いたところでは、"Yes...? ⤴"というように、後ろを少し上げて、

発音するとよいでしょう。

相づち2【Great!】：日本語でいうところの「いいね!」

```
相手：XXXXX....      YYYYY....      ZZZZZ....
         ↑                            ↑
あなた：  Great!                      Great!
```

この Great! という相づちは、本当に便利です。「あなたの話を聞いているよ」に加えて、「すごいね」「いいね」というように、肯定的な感情を示すことができます。この Great! は、「ふーん」や「へ〜」という相づちから、「オーケー」と言いたいような文脈まで広く使うことができて便利です。

Great! に慣れてきたら、Fantastic! Perfect! Super!（=いずれも「すごいね」という意味です）Sounds good!（=「いいね」という意味です）なども、「相づち」のレパートリーに入れて使ってみてもよいでしょう。

相づち3【Interesting!】：日本語でいうところの「いいねぇ〜!」

```
相手：XXXXX....      YYYYY....      ZZZZZ....
                                       ↑
あなた：                            Interesting!
```

最後は Interesting! です。これは、「あなたの話、私、興味ある」ということを伝えることができる相づちです。「いいですねえ」とい

うように、話の内容に対するコメントとしても使えます。「私、興味ある！」というような元気な声のトーンと笑顔で「Interesting!」と発音してみてください。

また「何をコメントすればよいかわからない」と思ってしまう内容であっても、「ふーん。興味深いですね」というように伝えることができるため、広く便利に使うことができます。

このように「相づち」を活用して、じっくりと相手の話を聞いたあとは、「3語の英語」を使ってあなたが話す番です。Great! Perfect! Super! Fantastic! とプラスの相づちを打ってもらえるよう、中身が即座に伝わる「3語の英語」を活用し、明快なコミュニケーションを目指しましょう。

CHAPTER 5

実践！
「3語で伝える」ために、
ここはバッサリ
捨てましょう！

最終段階へようこそ。
本章では、「3語の英語」を学んでいただいたあなたに、今一度、確認しておきたいことを扱います。難解な英語、組み立てにくい英語、伝わりにくい英語は捨て去り、もうあと戻りはしないと心に決めてください。
ここでは最後にもう一度、あなたの英語の「何を捨てるべきか」を再確認します。そして、「3語の英語」を使って気持ち良くコミュニケーションしましょう！

本章の内容

- There is/are構文を捨てる
- 仮主語と仮目的語のitを捨てる
- SVOO・SVOC構文を捨てる
- 受け身形を捨てる
- イディオムを捨てる
- not文を捨てる
- 難解な英単語を捨てる
- 難しい時制を捨てる

There is/are構文を捨てる

「〜がある」「〜がいる」の伝え方

　日本人に人気の構文、There is/are 〜（〜がある、いる）を捨て去りましょう。この構文を使いたくなるのは、「〜がある」「〜がいる」という日本語にぴったり当てはまるためです。**日本語は、主語が行う動作を具体的に表さずに、「ある」「いる」という表現を多用する特徴があります。**

　思わず使いたくなったときにも、There is/are を我慢して、まずは主語を先に出してしまいましょう。そうすれば文脈に応じて、適切な動詞を続けて並べることができます。

　There is/are を使いたくなったときに使うべき主語は、たいてい「Xがいる」という文脈のXか、または「XがYにいる」という文脈のYのいずれかです。Xを主語にする場合、「XがYに対して何か動作をする」という形で組み立てましょう。Yを主語にする場合、「YがXを含む」といった表現が可能です。

練習しよう！

「このグループには3人の女性メンバーがいる」

There are three female members in this group.

> Three female members _____.
> This group _____.

Three female members または This group を主語にしましょう。続けて動詞をおくことができましたか。

Three female members have joined this group.
（3人の女性メンバーがこのグループに参加している）

This group has three female members.
（このグループは3人の女性メンバーを有している）

練習しよう！

「このページには、フローチャートのサンプルがある」

There are sample flowcharts provided on this page.

⬇⬇⬇

> This page _____.
> This page _____.
> You can _____.

This page を主語においてみましょう。

または、発想を変えて You can を主語にして表現することも可能です。

This page provides sample flowcharts.
（このページはサンプルフローチャートを提供する）

This page contains sample flowcharts.
（このページにはサンプルフローチャートが含まれている）

You can find sample flowcharts on this page.
（このページにサンプルフローチャートを見つけることができる）

練習しよう！

「最近は数多くの電子機器がある」

There are many electronic devices now.

⬇⬇⬇

> Many electronic devices _____.

Many electronic devices surround us now.
（数多くの電子機器が私たちを取り囲んでいる）

なお、動詞 surround が浮かばない場合には、例えば次のようにＳＶＣで表現することも可能です。

⇒ **Many electronic devices are available now.**
（数多くの電子機器が利用可能である）

またさらには、受動態で表すことも可能です。

⇒ **Many electronic devices can be used now.**
（数多くの電子機器が使える）

POINT
There is/are 構文は捨てる。とにかく主語をおいてみて、直後に適切な動詞を続ける。

ブレイク＆スキルアップ
日本語は「ある」「いる」が好き
——「チョコレートあるよ〜」

「チョコレートあるよ〜」と家族が言ったとしたら、この日本語は、何を伝えたい文でしょうか。日本人なら誰でも、例えば次のようなことを伝えている文脈と理解するでしょう。

「チョコレート食べない？」

「チョコレートが(机の上に)あるからどうぞ」

それでは、次の英語は何を伝えているでしょうか。

There is chocolate.（チョコレートがある）
↓
What?	（何のこと？）
Where?	（一体どこにあるのよ？）
What do you want me to do?	（何が言いたいの？）

といった疑問がわきそうです。このように「伝えたい内容がわからない」表現では、英語のコミュニケーションはうまくいきません。

「チョコレートあるよ〜」という日本語に対する英語は、上のような There is chocolate. ではなく、次のような英文となります。

🔻🔻🔻

You can have some chocolate.（チョコレートどうぞ）
I have some chocolate (for you).（私、チョコレート持ってるよ）
You'll find chocolate bars on the table.
　　　　　　　　　　（机の上にチョコバーがあるから、どうぞ）

「何を伝えたいか」を考えるとき、「主語」を決め、「動詞」を決めて、はっきりと表現することが大切です。「主語」→「動詞」→「目的語」というように英語を組み立てる癖をつけてしまえば、伝えることが簡単になるとともに、「何を伝えたいか」を、しっかりと考える癖もついてきます。

「3語の英語」の究極の目的は、「頭の中をはっきりさせる」ことです。そしてそのような明快なコミュニケーションを通じて、「考えを伝える」ことだけでなく、「よく考える」ことまでを目指します。

仮主語と仮目的語の it を捨てる

「〜にとって〜するのは〜だ」の伝え方

　仮主語「It is... (for...) to...」や「It is...that...」と仮目的語「make it... (for...) to...」も、日本人に人気の高い構文ですが、いずれも思い切って捨ててしまいましょう。

　まずは仮主語です。「〜にとって〜することは〜である」という文に、日本語としてぴったりと当てはまるこの仮主語構文「It is... (for...) to...」を使いたくなってしまいます。例えば、It is easy for me to take this job.（私には、この仕事を引き受けることは簡単だ）のようにです。

　また、「〜であることは〜である」という日本語に対して、仮主語構文「It is...that...」もぴったりと当てはまります。例えば、It is clear that I can take this job.（この仕事を私が引き受けられることは明らかだ）のようにです。

　しかし、これらの構文を使うと、主語→動詞まで進んでも、"It is" しか単語が出てきません。伝えたい内容がわかりません。素早いコミュニケーションのためにも、仮主語による構文を使わないでおきましょう。

　次に仮目的語を使った人気の高い文は、「find it X」（X であると

わかる）と「make it possible」（〜を可能にする）です。「〜が〜であるとわかる」「〜が〜を可能にする」という日本語に対して、ぴったりと当てはまるため使ってしまいがちです。しかし、これらはＳＶＯＣ構文となり、複雑です。そこで「３語の英語」であるＳＶＯに変換します。

以下、仮主語や仮目的語を使った文を、「３語の英語」で表現する練習をしてみましょう。

練習しよう！

「私には、この仕事を引き受けることは簡単だ」

It is easy for me to take this job.

⬇⬇⬇

I ＿＿＿＿＿＿＿＿＿＿＿＿＿＿．

I can easily take this job.

仮主語構文の for... は、動作主を表しますので、それを主語に使うことができます。主語をおいたら、あとは動詞、そして他の情報を追加するだけです。動詞を修飾する副詞 easily を使いました（P155 参照）。

「この仕事を引き受けることは私にとって不可能である」

It is impossible for me to take this job.

⬇⬇⬇

I ＿＿＿＿＿＿＿＿＿＿＿＿＿＿．

I cannot take this job.

こちらも同様に、I を主語にします。It is impossible... のパターンの場合、I cannot... と変更することが可能です。

「この仕事を私が引き受けられることは明らかだ」

It is clear that I can take this job.

🔽🔽🔽

> _____ , I _____ .

Clearly, I can take this job.

　It is clear that は副詞1語、つまり clearly, に置き換えます。文全体を修飾する副詞の活用により、情報をすべて残しながら、短く伝えることができます（P155参照）。

練習しよう!

「その仕事を今日終えるのは難しいとわかった」

I found it difficult to complete the job today.

🔽🔽🔽

> I _____ .

I cannot complete the job today.

　ＳＶＯを使い、簡単に表すことが可能です。

「彼の素早い行動により、彼はその仕事を手にすることができた」

His quick action made it possible to get the job.

🔽🔽🔽

> His quick action _____ .
> He _____ .

**His quick action allowed him to get the job. /
His quick action enabled him to get the job.**

**He got the job after his quick action. /
He acted quickly and got the job.**

　allow、enable は便利な動詞です。「allow/enable ＋人＋動詞」で、「人が〜する［できる］ようになる」を表します。主語にモノをおくことができ、さまざまな文脈で使えます（詳しくは P106 参照）。

　He got the job. という簡単な「3語の英語」を先に組み立て、その後に落ち着いて情報を加えることも可能です。「彼の素早い行動により」は、「彼の素早い行動の後に（after his quick action）」と表現しておけばよいでしょう。または単に「彼は素早く行動した（He acted quickly）、そして仕事を得た（and got the job）」というように、短い文を並べることも可能です。

> **POINT**
> 仮主語「It is... (for...) to...」「It is...that...」と仮目的語「make it... (for...) to...」は使わない。動作主またはモノを主語にして、直後に具体的な動詞を続けると伝わりやすくなる。

SVOO・SVOC構文を捨てる

「〜を〜する」「〜が〜する」の伝え方

次はいわゆる「5文型」のうち、最も難しい最後の2つ、SVOO構文とSVOC構文をやめる方法です。これらを捨て去る決意をすれば、英語の組み立ては簡単になり、「使える英語」「伝わる英語」を習得していくことが可能になります。

SVOOを捨てよう

目的語を2つおくSVOO構文を作れるのは、特定の動詞の場合だけです。特定の動詞とは、例えば send や show などです。これらの動詞でSVOO構文を組み立てるのをやめ、代わりにSVOを使ってみましょう。

練習しよう!

「彼女は私に写真を数枚送ってくれた」

She sent me several photos.（SVOO）

⬇⬇⬇

She _____.

She sent several photos to me.（SVO）

動詞 send をそのまま使い、SVOO→SVOへと単純に変換します。

「彼女は駅まで道案内してくれた」

She showed me the way to the station.（SVOO）

🔽🔽🔽

| She _____. |

She took me to the station.（SVO）
She guided me to the station.（SVO）

このように発想を変え、ＳＶＯで組み立て直します。

SVOCを捨てよう

ＳＶＯＣ構文は、Ｏ＝Ｃとなり、「〜が〜する［〜となる］ことを引き起こす」という文です。

例えばI make you happy.（私はあなたを幸せにする）またはI find it great.（私はそれがすばらしいと思う）というパターンです。「私＝幸せ」、「それ＝すばらしい」というように、ＯとＣはイコールの関係となります。

この構文の欠点は、I make you まで伝えても、またI find it まで伝えても、文が何を伝えたいかがわかる単語が出てこないことです。素早く伝えるコミュニケーションを目指し、この構文も捨て去りましょう。

✏️ 練習しよう！

「私は彼女の笑顔が魅力的だと思った」

I found her smile attractive.

🔽🔽🔽

> I _____.
> Her smile _____.

I like her smile.
Her smile attracts me.

「3語の英語」でシンプルに表現します。「3語の英語」を使う場合、時制も現在形に変更することが可能になります。「今」に焦点を当てた魅力あるコミュニケーションが可能になります（P134参照）。主語はIでもHer smileでも可能です。

「このアプローチにより、コスト減となる」

This approach will make the cost lower.

⬇⬇⬇

> **This approach _____.**

This approach will lower the cost.

lowerを「〜を下げる」という動詞で使うことで、シンプルにSVOで表すことができます。

POINT
　SVOO構文とSVOC構文は、文が複雑で組み立てにくく、伝わりにくい。これらの難解構文を捨てる勇気を持ち、できるだけSVO構文で組み立てる。

ブレイク&スキルアップ
SV・SVC・SVOだけで何でも伝えることができる

　本書では、いわゆる5つの文型の中で、3つ目の「SVO」を基本とした「3語の英語」を提案してきました。

　最終章を読んでいる皆さまに、今後のステップとしてお伝えしておきたいことがあります。

　あらゆる内容は、5文型のうちの3つまで、つまりSV、SVC、SVOまでを使って表すことができるということです。

　SVO、つまり "Somebody does something."（誰かが何かをする）または "Something does something."（何かが何かをする）は、最も力強い印象を与える文の組み立て方法です。この「3語の英語」を中心に使いつつ、現実的には残りの2つ、つまりSV（誰か [何か] が〜する）とSVC（誰か [何か] が〜である）も使ってよいと考えてください。

　5つの文型のうち、第3文型までを使うことで、平易な内容から難解な内容まで、あらゆることを難なく伝えることができます。

　本書で扱ってきたSVOさえマスターすれば、残るSVとSVCを使いこなすことは、難しくありません。
　SVとSVCについて、簡単に説明します。

●SV構文は、主語と動詞のみから構成されます。次のような文です。

　I go.（行きます）

　SVの特徴は、主語と動詞だけで文を終えられることです。情報

を追加することはできますが、主語と動詞だけで英文が成り立ちます。

例えば、次のように情報を追加できます。

I go now.（もう、行くね）←副詞による修飾
I go to university.（大学に通っています）←前置詞句による修飾

● **SVC構文というのは、be動詞を使って、「〜です」を表す文です。例えば次のような文です。**

He is nice.（彼は素敵です）

またbe動詞以外の動詞で、主語＝述部の補語となる文もSVC構文といいます。例えば次のような文です。

This idea sounds good.（このアイディア、よさそう）

ここで、難解なSVOOやSVOCを平易なSVOやSVC、SVに変える練習をしておきましょう。

「彼女は私に素敵な笑顔を見せてくれる」
She gives me a nice smile.（難解SVOO）

⬇⬇⬇

> She _____.（SVO）
> She _____.（SV）

She gives a nice smile (to me).（SVO）
She smiles nicely (to me).（SV）

「残念ながら、プロジェクトを終えるのは難しいとわかった」
Unfortunately, we found it difficult to complete the project.（難解ＳＶＯＣ）

⬇⬇⬇

> Unfortunately, we _____. (ＳＶＯ)
> Unfortunately, the project _____. (ＳＶＣ)

Unfortunately, we cannot complete the project. (ＳＶＯ)
Unfortunately, the project will be incomplete. (ＳＶＣ)

　「３語の英語（ＳＶＯ）」を本書でマスターした後は、ＳＶＯを中心に使いつつ、残りの２つ、つまりＳＶとＳＶＣも自由に使ってよいと考えましょう。

　ＳＶ、ＳＶＣ、ＳＶＯの３つを使いこなすことで、コミュニケーションがより楽になり、平易になります。自信を持って、正しく英語を使っていくことが可能になるでしょう。

受け身形を捨てる

「〜が〜される」の伝え方

能動態と受動態では、能動態は力強い印象を与え、責任の所在を明らかにします。

「〜が〜された」といった客観的な表現よりも、「〜が〜した」というように「動作主」を明らかにした表現を使うことにより、潔く明快にコミュニケーションを進めることができます。

受動態を使うと、「動作主を隠したい」「ぼんやりした印象を与えたい」ということが伝わってしまいます。また単純に、語数が増えて伝わりにくい、間違えやすいという欠点もあります。

意図的に動作主を隠したり、ぼんやりした印象を与えたいという場合を除いて、思い切って受け身形を捨て去りましょう。

練習しよう!

「私は美しい映画に、感動した」

I was moved by the beautiful movie.

The beautiful movie _____.
I _____.

The beautiful movie moved me.
I like the beautiful movie. / I enjoyed the beautiful movie.

　byが登場する受動態は、by以下を主語にして態を単純に変換します。または、発想を変えてIを主語にし、簡単な動詞（likeやenjoy）を使って表現してもよいでしょう。

「旅行の行程はパンフレットに記載されている」

The tour schedule is written on the brochure.

＊brochure＝パンフレット

```
The brochure _____.
You _____.
```

The brochure shows the tour schedule.
You will find your tour schedule on the brochure.

　byが出てこない受動態の場合でも、文中に登場するものを主語に持ってきましょう。主語は「モノ」または「人」が可能です。受動態の文に隠れている「人」を主語にして組み立ててもかまいません。

「スタートボタンを押せば、車のエンジンを始動できる」

If you press the start button, the car engine can be started.

```
You _____.
Pressing the start button _____.
```

You can start the car engine by pressing the start button.
Pressing the start button will start the car engine.

　主語は「人」も「動作」も可能です。「スタートボタンを押すこと」という動作をPressing the start buttonのように表しても大

丈夫です（P84参照）。

> **POINT**
> 能動態は、内容がダイレクトに伝わる。「人」「モノ」「動作」から主語を決めたら、主語に合う平易な動詞を選び、能動態の文を組み立てる。「誰かが何かをする」「何かが何かをする」という基本形を守って「3語」で組み立てる。

ブレイク&スキルアップ
それでは「受け身形」はどんなときに使う？

本書では、「3語の英語」で重要となる「能動態」の使用をすすめています。「能動態」をすすめる理由は、動作主が明示され、短く直接的で、円滑なコミュニケーションが可能になるためです。

それでは、すべての文は、「能動態」で表現すべきなのでしょうか。「受け身」を使う必要はまったくないのでしょうか。答えは次の通りです。

- 基本的には「能動態」を使うと決めて、できる限り「能動態」で表してみよう
- 「受け身」を使いたい理由があるときに限っては、「受け身」を戦略的に使ってもよい

「受け身を使いたい理由があるとき」というのは、主に次の2つです。
　①動作主を隠したい
　②動作主を示す必要がない、または示すことができない

①動作主を隠したい
例：「先の就職面接には多くの間違いがありました」

これを表現する場合、主語は何にするのがよいでしょう？　自分の過ちを目立たせたくないという場合は、主語を「私 (I)」にせず、受動態を使って責任の所在を隠す、という戦略があります。

　そのような受動態から、主語を変えて、動作主を前に出すと、英文の印象が変わってきます。どのように英文の印象が変わるか、そのニュアンスを次の英語表現から読み取ってみましょう。

(1) Many mistakes were made in the job interview.
(先の就職面接には多くの間違いがありました)

客観的な表現です。

(2) The job interview included many mistakes.
(先の就職面接は、多くの間違いを、含んでいました)

シンプルで明快な表現ですが、まだ客観的です。

(3) I made many mistakes in the job interview.
(私は先の就職面接で多くの間違いをしてしまった)

自分の非を認めた印象になりました。

　(1) では、「誤り」をまるで他人事のように表しています。
　(2) では能動態になったものの、主語を「就職面接（モノ）」にすることで、客観性を保っています。(1) よりは直接的な表現となりますが、事実を淡々と描写している印象です。
　(3) では、「自分が過ちを犯した」ことを明示しています。

　態の選択、主語の使い方によって、英文の印象は変わります。どの表現を選択するのかは、状況に応じて選ぶとよいでしょう。

　このように、「あえて意図的に、動作主を隠す」場合の他には、受け身形が必要になってくるのは、「主語にする動作主が見つからない」場合と「主語が重要ではない」場合があります。例を見ておきましょう。

②動作主を示す必要がない、または示すことができない

例1：
The blue LED was invented 25 years ago.

（青色LEDは25年前に発明された）

「誰が発明したか」ではなく「青色LEDが発明された」ことに関心があるため、動作主を示す必要がない。

例2：
This pillar is made of natural wood.

（この柱は天然木製だ）

そもそも「誰が作ったか」を表すことは難しい文です。

英文を組み立てるとき、「基本は能動態」と決めておいたうえで、動作主が見つからない場合、または動作主を隠したい場合には、能動態ではなく、あえて受動態で表現することも、頭の片隅において表現するとよいでしょう。

大切なことは、「特に必要ではないのに、受動態になってしまった」という文が増えるのを避けることです。文法事項を深く理解し、最適な表現を自分で選択して決める力をつけましょう。

イディオムを捨てる

慣用句や成句を使わない伝え方

一生懸命覚えたイディオム（句動詞）を捨てるには少し勇気がいるかもしれません。しかし、イディオムをバッサリとすべて捨ててしまい、いつも動詞1語を使って表現すれば、英文は短くなり、コミュニケーションが楽になります。

練習しよう!

「私は朝の授業を欠席した」

I <u>was absent from</u> the morning class.

　be absent from「〜に欠席する」というイディオムをやめます。

⬇⬇⬇

> I _____ the morning class.

I skipped the morning class.
I cut the morning class.
(I did not attend the morning class.)

　be absent from というイディオムを、別の動詞1語で表現します。I <u>did not</u> attend the morning class. も可能ですが、not を使わずに発想を変えること（P63参照）も、練習しておくとよいでしょう。skip（飛ばす）、cut（省略する）が使えます。

「このコースは 30 人の生徒で構成される」

The course is composed of 30 students.
The course is made up of 30 students.

　be composed of、be made up of 「〜で構成される」というイディオムをやめます。

⬇⬇⬇

> The course ＿＿＿＿＿＿ 30 students.
> Thirty students ＿＿＿＿＿＿ the course.

The course has 30 students.
Thirty students attend the course.

　簡単な動詞 have の出番です（P88 参照）。または主語を変更し、発想を変えて「30 人の生徒がコースに参加している」と表現することも可能です。動詞には attend（〜に参加する）を使うことができます。なお「30 人の生徒」を主語にする場合、書くときには Thirty students のように数字はスペルアウトします。英文は、文頭に「算用数字（例：30）」をおくことを好まないためです。

「学生は学内データベースにアクセスができる」

The students can make access to the university database.
　make access to「〜にアクセスする」というイディオムをやめます。

⬇⬇⬇

> The students can ＿＿＿＿＿＿ the university database.
> The students ＿＿＿＿＿＿ university database access.

The students can access the university database.
The students have university database access.

make access to は access に変更が可能です。access には他動詞の用法しかありませんので（自動詞・他動詞については P52、111 参照）、access の直後に the database をおきます。また発想を変えて、「データベースのアクセス（database access）を持つ」と表現することも可能です。万能動詞の have（P88 参照）が使えます。

「古いコピー機に代わって新しいコピー機が導入された」

The new copier <u>took the place of</u> the old copier.

take the place of「～に取って代わる」というイディオムをやめます。

⬇⬇⬇

The new copier ＿＿＿＿＿＿ the old copier.

The new copier replaced the old copier.

take the place of ⇒ replace（～に取って代わる）というように、1 語に置き換えました。replace も、明快に表現できる便利な動詞です（P97 参照）。

> **POINT**
> 難しいイディオムは忘れる。もっと自由に発想を広げ、平易な動詞を使いこなして「3 語の英語」を組み立てる。

not 文を
捨てる

「〜しない」の伝え方

「否定文」、つまり not を使った文をやめることで、あなたのコミュニケーションがプラスの方向へと変わります。伝えたい内容が明快に伝わりやすくなります。また、否定的な印象を与えずに淡々と説明することが可能になります。

You don't understand me.
「あなたは私をわかっていない」

You misunderstand me.
「誤解です」

「肯定形＋ no ＋名詞を使う」「反対語を使う」「動詞部分の発想を変える」といった方法で、否定の内容を肯定形で表現してみましょう（P63 参照）。要領がわかれば簡単です。たくさん練習してください。

練習しよう!

「私の仕事はストレスがない」

My work doesn't cause any stress.

⬇⬇⬇

My work _____.
I _____.

My work causes no stress.
My work is stress-free.
I have no stress from work.

「ゼロストレスを引き起こす」(cause no stress) と表現することで、肯定表現が可能になります。また、SVOに加えて、SVCを使い (P199 参照)、stress-free (ストレスのない) という反対の意味を表す形容詞を使うことも可能です。また、I (私) を主語にしたシンプルなSVOもよいでしょう。万能な動詞 have が使えます (P88 参照)。

「この飲み物には色がついていない」

This drink doesn't have any color.

⬇⬇⬇

This drink _____.

This drink has no color.
This drink is colorless.

「肯定形 + no」で表現可能です。また、-less という反対の意味の語尾のついた形容詞を使うことで、SVCで表すことも可能です。否定的な印象を与えず、淡々と描写できるようになります。

「彼らの不正を立証するデータがない」

I don't have any data to prove their misconduct.

⬇⬇⬇

I _____ to prove their misconduct.

I have no data to prove their misconduct.

don't have any data ⇒ have no data に変えました。

「私は試験に受からなかった」

I didn't pass the exam.

⬇⬇⬇

I _____ the exam.

I failed the exam.

didn't pass ⇒ failed と、逆の発想に変えました。

「部長は私の企画を採用しなかった」

The manager did not accept my proposal.

⬇⬇⬇

The manager _____ my proposal.

The manager rejected my proposal.

accept（受け入れる）の反対語 reject（拒絶する）を使いました。

「私は彼の提案を正しく理解できなかった」

I didn't understand his proposal correctly.

⬇⬇⬇

CHAPTER 5 ● 実践!「3語で伝える」ために、ここはバッサリ捨てましょう!

I _____ .

I **understood** his proposal incorrectly.
I **failed to understand** his proposal correctly.
I **misunderstood** his proposal.

　副詞を反対語に変える方法もあります。correctly ⇒ incorrectly に変更しました。また、「fail to +動詞」で、「～できない」を表すことも可能です。さらには、understand ⇒ misunderstand と動詞を反対語へと変更してもかまいません。

> **POINT**
> 否定の not をできるだけ使わず、否定の内容であっても肯定表現しよう。「肯定形＋ no ＋名詞を使う」「反対語を使う」「動詞部分の発想を変える」というテクニックを使い、柔軟な発想で、何でも肯定表現しよう。

難解な英単語を捨てる

難解な英単語の伝え方

コミュニケーションの相手が、いつも英語ネイティブであるとは限りません。世界全体の英語ノンネイティブ率の高さを考えると、ノンネイティブ同士で、英語でコミュニケーションを取るという状況も多く考えられるでしょう。

知っている単語のうちでも、少しでも簡単な単語のほうを選ぶようにしましょう。

練習しよう!

「その会社は弊社の事務用品を採用している」

That company adopts our office supplies.
That company employs our office supplies.

* office supplies = 事務用品

adopt は「採用する」という意味です。employ も同様に「採用する」という意味です。いずれも正しく使っていますが、より平易な単語があればそちらに変更します。

That company _____ our office supplies.

That company uses our office supplies.

万能動詞の use(P88 参照)を使うことができます。

「家族全員で、電力消費を抑制しよう」

Every family member should <u>suppress</u> electricity consumption.

　suppress は「抑制する」という意味です。和英辞書で「抑制」と引くと、この単語が出てくることがあります。このような難しい単語の使用をやめて、平易に表現しましょう。

⬇⬇⬇

> Every family member should _____ electricity consumption.
> Every family member should _____ electricity consumption.
> Every family member should _____ less electricity.

Every family member should reduce electricity consumption.
Every family member should cut electricity consumption.
Every family member should use less electricity.

　suppress ⇒ reduce や cut（いずれも「減らす」）に変更します。また、発想を変えて、「少ない電気を消費する（use less electricity)」と表現することも可能です。

「この住宅では、太陽光エネルギーが活用されています」

We <u>utilize</u> solar energy in this housing.
This housing <u>utilizes</u> solar energy.

　utilize は「活用する」「利用する」という意味です。正しい使用例ですが、より簡単な単語はないでしょうか。

⬇⬇⬇

> We _____ solar energy in this housing.
> This housing _____ solar energy.

We use solar energy in this housing.
This housing uses solar energy.

万能動詞の use（P88 参照）を使います。「人」が主語でも「モノ」が主語でも、どちらでもを使うことができます。utilize がいけないというわけではありませんが、少しでも簡単な単語を使うことで、コミュニケーションが楽になることを理解しましょう。例えば、We utilize solar energy. と We use solar energy. の両方を声に出して読んでみて、どちらが楽に発音できるか試してみましょう。

「警察が事故の原因を解明した」

The police <u>elucidated</u> the cause of the accident.

「解明する」と和英辞書を引くと、elucidate という単語が出てくることがあります。

⬇⬇⬇

> The police _____ the cause of the accident.

The police found the cause of the accident.
The police uncovered the cause of the accident.
The police clarified the cause of the accident.
The police determined the cause of the accident.
The police identified the cause of the accident.

便利な動詞 find（P91 参照）を使えば簡単です。また、uncover は cover（覆う）の反対語で、「覆いを外す」、つまり「明らかにする」という意味になります。

さらに、clarify も良い動詞です。clear（クリアな、明らかな）という形容詞を知っている人は多いと思います。これを動詞の形にしたのが clarify（明らかにする）です。

次は「決める」を表す determine です。「決める」を表す decide、determine のうち、decide が「主観により決断する」という意味にしか使えない一方で、determine は主観を介さずに「決定する」

「特定する」「解明する」といった場合に広く使えて便利です。

最後のidentifyは、例えば「学生ID（アイディー）」といったときに使うID = identificationを動詞にした形です。ID（アイディー）は「あなたを特定するもの」ですが、動詞identifyも「特定する」という意味になります。

これらfind、uncover、clarify、determine、identifyのどれを使うかについては、何をどのように表したいかに応じて検討するとよいでしょう。いずれの動詞も「わかる」「使いこなせる」と感じて使うことが大切です。「わかりにくい」「使いこなしにくい」と感じる動詞があれば、無理をして使う必要はありません。

> **POINT**
> わからない、使いこなしにくいと感じる単語は思い切って捨てる。自信の持てる単語を使い続ければ、自然に表現力が改善される。簡単な単語を使うことで、間違いが減り、ネイティブにもノンネイティブにも伝わりやすくなる。

難しい時制を捨てる

時制の伝え方

中学校・高校の英語の授業では、多くの時制の種類を学んだかもしれません。現在形だけではなく「現在進行形」、そして未来の表現だけでなく「未来進行形」や、また「完了」と名のつくものには、現在完了形だけでなく、「過去完了形」「未来完了形」「過去完了進行形」「現在完了進行形」「未来完了進行形」と数多くの時制があります。

現在形・過去形・現在完了形（＋未来の will）ですべて OK

これら一連の時制のうち、最もよく使う大切な時制は**「現在形」**です。そして**「過去形」**も、伝えたい内容が**「過去の動作の報告」**であれば使うことがあるでしょう。**「未来の表現 will」**も、「考えを伝える助動詞表現」（P144 参照）として、使う可能性があります。そして**「現在完了形」**は、過去の状況を今につなげて表す魅力的な時制です。それ以外の複雑な時制は、すっかり忘れてしまっても困ることはありません。表現の工夫により、**現在形**と**過去形**と**現在完了形**、そして**未来の表現（will）**だけを使って、コミュニケーションを円滑に進めることが十分に可能です。時制の変換を練習しましょう。

✏️ 練習しよう！

＜現在進行形を現在形に変える＞

「弊社では、化粧品を開発している」

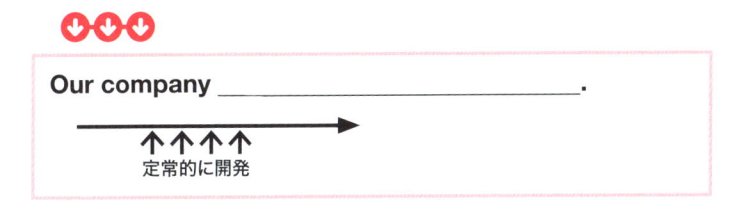

Our company is developing cosmetics.

→ 開発中（今この瞬間！）

⬇⬇⬇

Our company _____.

↑↑↑↑ 定常的に開発

Our company develops cosmetics.

今この瞬間だけを表す現在進行形ではなく、現在形を使うことで定常的な事実を表すことができます。

＜未来進行形は使用をやめてもよい＞

「今日の午後2時、私は宿題をしていると思う」

I'll be doing my homework at 2 p.m. today.

↑ 今 ……> 未来を見る ↑ 午後2時

＊正しく使いこなすことができれば、未来進行形を使ってもかまいません。

⬇⬇⬇

I'll _____.

（午後2時には宿題をする）

↑ 今 ↑ 未来の午後2時

I'll do my homework at 2 p.m. today.

　未来進行形から単純未来への変更で、ニュアンスは多少変わりますが、特に問題は起こりません。

＜現在完了進行形の使用をやめてもよい＞
「英語でのコミュニケーションはますます重要になってきている」

Communicating in English has been increasing its importance.

　Communicating in English increases its importance.（英語でのコミュニケーションはその重要性を増す）というＳＶＯの文が基本になっています。

　　　　　　　　　どんどん重要性を増す（臨場感あり）
　　　　　　　↑　　　　　　　　　　　↑
　　　　　　　過去　　　　　　　　　　今

＊正しく使いこなすことができれば、現在完了進行形を使ってもかまいません。

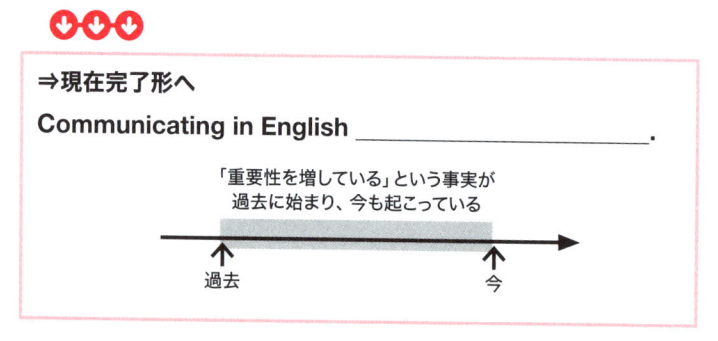

🔽🔽🔽

⇒**現在完了形へ**

Communicating in English _____.

　　　　　「重要性を増している」という事実が
　　　　　　過去に始まり、今も起こっている
　　　　　　↑　　　　　　　　　　↑
　　　　　　過去　　　　　　　　　今

Communicating in English has increased its importance.

🔽🔽🔽

⇒**現在形へ**

Communicating in English _____.

Communicating in English is more important now.

　現在完了形でも、現在形でも表現することが可能です。時制を単純化しましょう。

　なお、現在形を使った上の例文では、英文の組み立てはＳＶＯではなく、ＳＶＣとなります。時制も含めた表現のしやすさや伝わりやすさを検討し、英文の構造を選択するとよいでしょう。

<過去形が２つ出てくる「過去完了形」を単純過去に変える>
「私が大学に入ったときには、彼はすでに卒業していた」

When I <u>entered</u> university, he <u>had already graduated</u>.

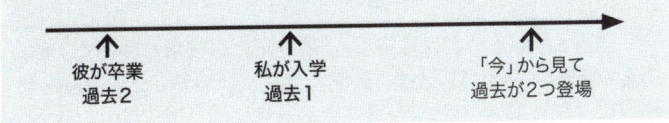

< before を使う>

He <u>graduated</u> from university before ＿＿＿＿＿＿＿．

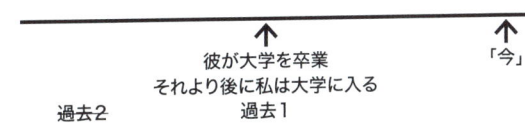

He graduated from university before I entered.

< after を使う >

⬇️⬇️⬇️

I <u>entered</u> university after _____.

```
                    ↑                        ↑
                  私が入学                   「今」
              それより前に彼は大学を卒業
    過去2            過去1
```

I entered university after he graduated.

　過去が２つ出てくる場合であっても、過去完了形を使わずに表現することが可能です。視点を「今」と「今から見た過去（１つ）」という単純な形に決めるとよいでしょう。

> **POINT**
> 難解と感じる時制は捨てる。「現在形と過去形と現在完了形」、加えて未来の will があれば、時制は大丈夫。今のことや普遍的な事実に「現在形」、今と切り離された過去には「過去形」、今へとつながる過去には「現在完了形」を使う。未来への意志を表すときには「助動詞 will」が使える。

☕ ブレイク＆スキルアップ
英語のメッセージを心に残そう

　私には、印象に残った英語の言葉がいくつかあります。そのいくつかは、著名人による英語の格言です。またその中には、知人とのたわいもない会話で登場した言葉もあります。英語は明快な言葉ですので、日本語よりもそのメッセージが心に響き、そして残ります。
　最後に、そんな英語のメッセージを読者の皆さまと共有します。

皆さまのこれからの英語の勉強に役立つことを願っています。

Verbs are powerful.
(動詞は力強い。)
— Leigh McDowell【英語講師】

Learning is a gift. I ought to use it.
(学ぶことは、天からの贈り物。その機会を生かさなければ。)
— Xanthe Warner【12歳の少女】

Success is a continuous journey.
(成功とは到達して終わるものではなく、ずっとずっと、努力し続けるもの。)
— Richard St. John【実業家】

Practice makes perfect.
(ただひたすら、練習あるのみ。)
—【英語のことわざ】

All things are difficult before they are easy.
(どんなことも、やさしくなる前は、難しいもの。)
— Thomas Fuller【哲学者】

Live as if you were to die tomorrow.
Learn as if you were to live forever.
(明日死ぬかのように、生きなさい。永遠に生き続けるかのように、学びなさい。)
— Mahatma Gandhi【インド独立の父】

さて私からもメッセージを残しておきます。

Simple English will change your communication.
Let's practice!
(シンプルな英語を使えば、コミュニケーションが変わります。
練習すれば、大丈夫！)

おわりに
英語講師として、見てきたこと、感じたこと

なぜ日本人は、英語を難しいと感じるのか？

　私はこれまで、「英語が苦手な方」に英語を教える仕事をしてきました。講師のお声をかけていただいた最初の大学では、**「学生の英語アレルギーを減らしてください」という依頼をいただきました。**

　授業の方法や内容は問わない、とにかく理系大学院生の英語嫌いの度合いが減る授業をしてください、との依頼でした。

　その後も、大学や企業などで英語講師の依頼をいただきましたが、いずれも技術者・研究者向けの講義です。受講者の多くからは「英語が好きではない」「できれば英語を避けて過ごしたい」「英語の授業を聞き始めると眠くなる」といった、英語に良い印象を持っていないという声を聞いていました。

　さまざまな工夫をしながら授業を組み立てました。「手際のいいサーカスのショー」のように、次々に習得する項目を出し、受講者を忙しくさせたりもしました（keep them busy）。「忙しくさせることで、授業に集中してもらえないか」と考えたわけです。

　理工系の技術者・研究者向けの英語ライティングは、大学では技術論文の英語であり、企業では仕様書やマニュアルの書き方や特許

の英語などです。一見「難しい」内容なのですが、それをいかに「平易」に見せるか、「難しくない！ 簡単！」と受講者に思ってもらえるかを意識して、工夫をしていました。

はじめの数年、試行錯誤が続きました。ある大学では、「ひとたび私が話し始めると、クラスの半分が寝てしまう」といったことも珍しくありませんでした。

そんな中、あることに気づきました。**「英語」というのが、何か「ぼんやりとした世界」であるから、彼らは眠くなってしまうのだ**、ということです。

これは私にも経験がありますが、複数の英語表現のうち、どちらが好ましいのだろうと迷ったとき、判断がつかないのです。**中学校や高校では、「文法的に正しい英語」に注力した教育が行われ、どちらの表現がコミュニケーションを円滑に進めるかということは、議論されません。**

また、「冠詞（the や a/an）」などは私たち日本人にとって、最も「ぼんやり」とした文法事項です。英語ネイティブに尋ねてみたら、「なんとなく冠詞はこちらが良い。理由は聞かないで」と言われることがほとんどです。これでは私たち日本人が、自信を持って英語表現を決めるなど、とうていできません。

その「ぼんやり」とした英語は、「理由と根拠（reasoning）」を求めて日夜研究にいそしまれている理工系の技術者・研究者の方々にとっては、非常にやっかいで難しく見え、そして興味の持てない教科となってしまうようでした。ネイティブに冠詞の質問をしたら

「ここは別にどちらでもいいよ」と言われ、「どちらでもよい文法事項がなぜあるのか。なくしてしまえ！」と怒ってしまった、そんな研究者の方も私の講義に参加されていました。

そこで、「理由と根拠」を大切にしながら、自分自身で英語表現を選択し、**「どちらの表現がコミュニケーションをより円滑に進めるか」「どちらの表現が少しでも誤りが起こりにくいか」といったことに焦点を当てる授業を組み立て始めました。**

冠詞から構文の選択まで、ノンネイティブとして、自分で根拠と理由づけを持って英語表現を選択する。そんな授業です。その指針としたのは、テクニカルライティングの各種ルール（各種スタイルガイドと呼ばれる欧米での英語のルールや、テクニカルライティングの洋書に記されたルール）です。

すると、受講者の反応はみるみる変わっていきました。授業中に寝てしまう学生は、激減しました。そして短期間の講義でも、次のような声を聞くことができるようになりました。

- もう一度英語を好きになれるかもしれない、という自信が出てきました
- 一筋の光明を見いだせたような気がしています
- 自分の英語ライティング力が飛躍的にレベルアップしたと感じる日々です
- 以前より英語が楽しくなりました
- 冠詞についてはどうしてよいのかわからず、根拠なく省いたりして英文を書いていたが、「この場合はこうしよう」と考えて書けるようになってきた

おわりに

　テクニカルライティングには、冠詞、名詞の習得、構文の習得、主語の決め方など、さまざまな項目があります。しかしいずれも、何年もかけて習得するというものではありません。たった数日でも、すべての知識が習得可能です。短い授業の期間であっても、受講者の英語が大きく変わるのを目の当たりにしてきました。

　そのようなテクニカルライティングの手法から、最も重要なエッセンスを抜き出したのが、本書で取りあげた「3語の英語」です。

　理工系の技術者・研究者や技術文書の翻訳者だけでなく、どのような方にとっても、テクニカルライティングの手法は役に立つと考えてきました。

　それをなんとか「難しいもの」ではなく、「平易なもの」として伝えられないか。また、理工系の技術者・研究者や技術文書の翻訳者といった特定の読者に限らず、幅広く一般の方々、例えば英語が話せるようになりたい人、仕事で英語を楽に使いたい人、東京オリンピック開催をきっかけに英語を習得したいと思う人、英語が苦手な中学生・高校生・大学生に、この手法を伝えることができないかと考えました。

　そして、幅広い読者層を持つ出版社であるダイヤモンド社に企画書を送りました。運良く企画書に目を留めてもらい、編集者の方が度重なる企画会議を経て推してくださったことで、本書の出版が可能になりました。

　本書が、幅広い読者の方々に手に取っていただけることを心より願っています。そして、「3語の英語」を切り口にして、読者の

方々がご自身の英語をより「使える」ものに、ご自分でどんどん変えていってくださることを願っています。

　英語を苦手とする方の「苦手度」が減り、そして英語が好きな方がさらに英語を好きになってくださることの一助となれば、とてもうれしいと思います。

　いつも支えてくれる両親と家族に感謝を込めて。

中山　裕木子

参考文献

Gary Blake & Robert W. Bly、*The Elements of Technical Writing*、Longman、1993

中山裕木子『技術系英文ライティング教本』、日本工業英語協会、2009年

Thomas N. Huckin & Leslie A. Olsen、*Technical Writing and Professional Communication for Nonnative Speakers of English*、McGraw-Hill、1991

Anne M. Coghill & Lorrin R. Garson(Eds)、*The ACS Style Guide: Effective Communication of Scientific Information 3rd Edition*、American Chemical Society、2006

中山裕木子（なかやま・ゆきこ）

株式会社ユー・イングリッシュ　代表取締役。公益社団法人日本工業英語協会　専任講師。
1997年より企業で技術分野の日英翻訳に従事。
2000年、特許事務所で電子・電気、機械の特許明細書の日英翻訳を開始し、テクニカルライティングに出合う。特殊で難解な特許の英語であっても、平易に表現できないかと模索を始める。
2001年に工業英検1級取得。首位合格により文部科学大臣賞を受賞。
2004年、フリーランス特許翻訳者になる。同時に、公益社団法人日本工業英語協会の専任講師に就任し、企業や大学の理工系研究者に対し、技術英語・特許英語の指導を始める。
2014年4月、技術英語を専門とする翻訳と教育の会社、株式会社ユー・イングリッシュ設立。高品質の技術翻訳サービスと技術英語指導サービスの提供により、日本企業や大学における技術系英文の品質向上に尽力する。
また、「伝わる英語を身につける」をモットーに、京都大学、名古屋大学、同志社大学などにて、非常勤講師として、大学生の英語力を日々高めている。
著書に『技術系英文ライティング教本』（日本工業英語協会）、『外国出願のための特許翻訳英文作成教本』（丸善出版）がある。

株式会社ユー・イングリッシュ　http://www.u-english.co.jp/

会話もメールも
英語は3語で伝わります

2016年10月14日　第1刷発行
2017年10月17日　第18刷発行

著　者―――中山裕木子
発行所―――ダイヤモンド社
　　　　　　〒150-8409　東京都渋谷区神宮前6-12-17
　　　　　　http://www.diamond.co.jp/
　　　　　　電話／03・5778・7236（編集）　03・5778・7240（販売）
装丁――――西垂水敦(krran)
本文デザイン・DTP―吉村朋子
イラスト―――平尾直子
校正――――河源社
製作進行―――ダイヤモンド・グラフィック社
印刷――――加藤文明社
製本――――川島製本所
編集担当―――中村明博

Ⓒ2016 Yukiko Nakayama
ISBN 978-4-478-06940-0
落丁・乱丁本はお手数ですが小社営業局宛にお送りください。送料小社負担にてお取替え
いたします。但し、古書店で購入されたものについてはお取替えできません。
無断転載・複製を禁ず
Printed in Japan